NAJLEPSZA KSIĄŻKA KUCHARSKA S'MORES

Delektuj się słodką magią pianek, czekolady i krakersów Graham dzięki 100 niesamowitym przepisom

SEBASTIAN SAWICKI

Prawa autorskie ©2024

Wszelkie prawa zastrzeżone

Żadna część tej książki nie może być wykorzystywana ani rozpowszechniana w jakiejkolwiek formie i w jakikolwiek sposób bez odpowiedniej pisemnej zgody wydawcy i właściciela praw autorskich, z wyjątkiem krótkich cytatów użytych w recenzji. Niniejsza książka nie powinna być traktowana jako substytut porady lekarskiej, prawnej lub innej porady zawodowej.

SPIS TREŚCI

SPIS TREŚCI 3
WSTĘP 6
ŚNIADANIE I BRUNCH 7
   1. Rogaliki S'Mores 8
   2. Tosty francuskie S'Mores 11
   3. Waflowe s'more 13
   4. Kakao wzbogacone pianką marshmallow 15
   5. Shake tiramisu 17
   6. Waflowe s'more 19
   7. Naleśniki Marshmallow 21
   8. Batony śniadaniowe Marshmallow 23
   9. Roladki z tostów francuskich z czekoladą i pianką marshmallow 25
   10. Płatki owsiane Fluffernutter 27
   11. Nocne płatki owsiane S'Mores 29
   12. Naleśniki S'Mores 31
   13. S'Mores Miska na smoothie z granolą czekoladową 33
   14. Burrito śniadaniowe S'Mores 35
PRZEKĄSKI I PRZYSTAWKI 37
   15. Przekąski Banoffee S'Mores 38
   16. Gorące bomby kakaowe Hershey's S'Mores 40
   17. Godiva S'Mores 42
   18. s'Mores Ukąszenia precli 44
   19. Batony S'Mores w pudełku śniadaniowym 46
   20. Nutellę Smores 48
   21. Mieszanka imprezowa S'Mores 50
   22. s'Mores na grillu 52
   23. Kubek S'Mores Brownie 54
   24. Snickers S'Mores 56
   25. Ukąszenia słodkich ziemniaków z marshmallow 58
   26. Ukąszenia kamienistej drogi 60
   27. Pieczona Cukierkowa Jabłkowa Niespodzianka 62
   28. s'Mores na grillu 64
   29. Schłodzona owocowa przekąska 66
   30. Bananowa Łódź 68
   31. Czekoladowe Marshmallow Blondies 70
   32. Urodzinowe posypki ryżowe Krispies 72
   33. Biszkopty z Pianką Marshmallow 74
   34. Żurawinowe batoniki popcornowe 76
   35. Corny chrupiące przysmaki ryżowe 78
   36. Cukierkowe Kulki Popcornu Kukurydzianego 80

37. Ptysie Marshmallow ...82
38. S'Mores Wontons ...84
39. Dip S'Mores ...86
40. Mieszanka szlaków S'Mores ...88
41. Truskawki nadziewane S'Mores ...90
42. Popcorn S'Mores ...92
43. S'Mores Energy Bites ...94
44. Kulka serowa S'Mores ...96
45. Kora czekoladowa S'Mores ...98
46. Batony z ciasteczkami S'Mores ...100
47. S'Mores Rice Krispie Przysmaki ...102
48. Pizza S'Mores ...104

KANAPKI I WRAPY ...106
49. Grillowany ser inspirowany S'Mores ...107
50. Quesadilla S'Mores ...109
51. Burger inspirowany S'Mores ...111

DANIE GŁÓWNE ...113
52. Zapiekanka ze słodkich ziemniaków z marshmallow ...114
53. Pięć filiżanek sałatki owocowej ...116
54. Sałatka z mrożonych owoców ...118
55. Sałatka Owocowa Pomarańczowa ...120
56. Sałatka Owocowa Dla Dzieci ...122

DESER ...124
57. Grillowane ciasto funtowe S'Mores ...125
58. Tort z kubkiem S'Mores ...127
59. Baileys'Mores ...129
60. Lasagne S'Mores ...131
61. Galettes Bananowo - Biscoff S'Mores ...133
62. Krówka Goździkowa Piankowa ...136
63. Ciasto Funfetti ...138
64. Grillowane ciasto funtowe S'Mores ...140
65. Płatki kukurydziane Ciasteczka Marshmallow ...142
66. Ciasto z Konika Polnego ...145
67. Ciasto warstwowe ze słodu czekoladowego ...147
68. Lody Charleston Cobblestone ...150
69. Lody Czekoladowe Mallow ...152
70. Lody agrestowo-ptasie mleczko ...154
71. Lody Rocky Road ...156
72. Lody Key Limonkowe ...158
73. Kubeczki z musem czekoladowym S'Mores ...160
74. Ciasto z kubkiem Frankensteina ...162
75. Ciasto Pajęcze ...165
76. Pięciominutowa Krówka ...167

77. Mus z jajek wielkanocnych 169
78. Babeczki S'Mores 171
79. Sernik Dyniowy S'Mores 173
80. Ciasto S'mores 176
81. Kubeczki z musem czekoladowym S'Mores 178
82. Kanapki lodowe S'Mores 180
83. Drobiazg S'Mores 182
84. Chleb Bananowy S'Mores 184
85. Minisernik S'Mores bez pieczenia 186
86. Pudding ryżowy S'Mores 189

NAPOJE 191
87. Gorąca czekolada S'Mores 192
88. Koktajl mleczny S'Mores 194
89. Kawa mrożona S'Mores 196
90. Tostowe s'More Martini 198
91. Baileys'Mores 200
92. Koktajl z duchami 202
93. Koktajl mleczny z popcornem i pianką marshmallow 204
94. Soda kremowa z jeżynowego marshmallow 206
95. Imbirowe Brzoskwinie I Kremowy Koktajl 208
96. Koktajl z cytrynowym ciastem bezowym 210
97. Płynny koktajl Smore 212
98. Koktajl Truskawkowy I Marshmallow 214
99. S'Mores Martini 216
100. S'Mores Frappuccino 218

WNIOSEK 220

WSTĘP

Witamy w „Najlepszej książce kucharskiej S'Mores: delektuj się słodką magią pianek marshmallow, czekolady i krakersów graham dzięki 100 niesamowitym przepisom". S'Mores, z ich nieodpartym połączeniem lepkich pianek marshmallow, rozpuszczonej czekolady i chrupiących krakersów graham, przywołuje wspomnienia trzaskających ognisk i przytulnych spotkań pod gwiazdami. W tej książce kucharskiej zapraszamy Cię w pyszną podróż po świecie S'Mores, odkrywając 100 kreatywnych i pysznych przepisów, które celebrują ten ukochany przysmak przy ognisku.

S'Mores to coś więcej niż tylko letnia rozkosz; są symbolem dziecięcej nostalgii, przygód na świeżym powietrzu i wspólnych chwil z bliskimi. Niezależnie od tego, czy pieczesz pianki marshmallow nad ogniskiem, rozpalasz grill na swoim podwórku, czy po prostu pragniesz posmakować nostalgii w zaciszu własnej kuchni, na tych stronach znajdziesz inspirację i radość. Od klasycznych odmian S'Mores po innowacyjne wariacje na temat tradycyjnej receptury - s'more na każde podniebienie i na każdą okazję.

Każdy przepis w tej książce kucharskiej został opracowany z dbałością i kreatywnością, oferując unikalne podejście do klasycznego doświadczenia S'Mores. Od pysznych deserów, takich jak sernik S'Mores i ciasteczka S'Mores, po zabawne smakołyki, takie jak kanapki z lodami S'Mores i popcorn S'Mores - możliwości są nieograniczone. Dzięki jasnym instrukcjom, pomocnym wskazówkom i oszałamiającym zdjęciom poczujesz się pewnie, rozpoczynając przygodę z tworzeniem S'Mores.

Zbierz więc składniki, rozpal ogień i przygotuj się na rozkoszowanie się słodką magią S'Mores z „Najlepsza książka kucharska s'mores" jako przewodnikiem. Niezależnie od tego, czy dzielisz się tymi smakołykami z przyjaciółmi i rodziną, czy delektujesz się nimi solo, te przepisy z pewnością przyniosą radość i zachwyt każdym pysznym kęsem.

ŚNIADANIE I BRUNCH

1. Rogaliki S'Mores

SKŁADNIKI:
- 1 arkusz ciasta francuskiego, rozmrożonego
- ¼ szklanki Nutelli
- ¼ szklanki mini pianek marshmallow
- ¼ szklanki okruszków krakersów graham
- 1 jajko, ubite
- Cukier puder, do posypania

INSTRUKCJE:

a) Rozgrzej piekarnik do temperatury wskazanej na opakowaniu ciasta francuskiego. Zwykle jest to około 190°C (375°F).
b) Na lekko posypanej mąką powierzchni rozłóż rozmrożony arkusz ciasta francuskiego i lekko go rozwałkuj, aby wyrównać grubość.
c) Za pomocą noża lub noża do pizzy pokrój ciasto francuskie w trójkąty. Powinno wyjść około 6-8 trójkątów, w zależności od preferowanej wielkości.
d) Na każdym trójkącie ciasta francuskiego rozsmaruj cienką warstwę Nutelli, zostawiając niewielki margines na brzegach.
e) Posyp okruszkami krakersów graham nad warstwą Nutelli na każdym trójkącie.
f) Połóż kilka mini pianek marshmallow na okruchach krakersów graham, równomiernie rozprowadzając je po całym trójkącie.
g) Zaczynając od szerszego końca każdego trójkąta, ostrożnie zwiń ciasto w kierunku spiczastego końca, tworząc kształt rogalika. Pamiętaj o doklejeniu brzegów, aby nadzienie nie wyciekało.
h) Przygotowane rogaliki układamy na blasze wyłożonej papierem do pieczenia, zachowując odstępy między nimi, aby w trakcie pieczenia mogły urosnąć.
i) Wierzch każdego rogalika posmaruj roztrzepanym jajkiem, dzięki czemu po upieczeniu uzyskają piękny złoty kolor.
j) Piecz rogaliki S'Mores w nagrzanym piekarniku przez około 15-18 minut lub do momentu, aż staną się złotobrązowe i napęcznieją.
k) Po upieczeniu wyjmij rogaliki z piekarnika i pozwól im lekko ostygnąć na metalowej kratce.
l) Przed podaniem posyp Croissanty S'Mores cukrem pudrem, dodając odrobinę słodyczy i atrakcyjne wykończenie.
m) Delektuj się pysznymi, domowymi rogalikami S'Mores jako wspaniałą przekąską na śniadanie, deser lub za każdym razem, gdy masz ochotę na pyszne połączenie Nutelli, pianek marshmallow i krakersów graham.

2. Tosty francuskie S'Mores

SKŁADNIKI:
- 3 kromki chleba francuskiego
- 2 jajka lekko ubite
- ⅔ szklanki mleka
- 1 łyżeczka ekstraktu waniliowego
- ¼ łyżeczki soli
- 1 szklanka okruszków krakersów graham
- masło
- 6 dużych pianek marshmallow przeciętych na pół
- 2 pełnowymiarowe batony Hershey's podzielone na prostokąty
- Syrop klonowy i/lub sos krówkowy do podania

INSTRUKCJE:
a) W płytkiej misce lub talerzu do ciasta wymieszaj jajka, mleko, wanilię i sól.
b) Zanurz chleb w mieszance jajecznej, posmaruj każdą stronę.
c) Wciśnij obie strony chleba w okruchy krakersów graham.
d) Rozpuść około ½ łyżki masła na patelni grillowej lub patelni z powłoką nieprzywierającą na każdą kromkę chleba. Smażyć, aż będzie brązowe i chrupiące, następnie przewrócić na drugą stronę, dodając najpierw trochę więcej masła na patelnię.
e) Jeszcze gorące ułóż plasterki tostu francuskiego, układając pomiędzy nimi pianki marshmallow i czekoladę.
f) Przekroić na pół na 2 porcje.

3. Waflowe s'more

SKŁADNIKI:
- Nieprzywierający spray do gotowania
- ½ szklanki białej mąki pełnoziarnistej
- ½ szklanki mąki uniwersalnej
- ¼ szklanki mocno zapakowanego ciemnobrązowego cukru
- ½ łyżeczki sody oczyszczonej
- ¼ łyżeczki soli
- Szczypta mielonego cynamonu
- 4 łyżki roztopionego, niesolonego masła
- 2 łyżki mleka
- ¼ szklanki miodu
- 1 łyżka czystego ekstraktu waniliowego
- ¾ szklanki półsłodkich kawałków czekolady
- ¾ szklanki mini pianek marshmallow

INSTRUKCJE:
a) Rozgrzej gofrownicę do średniego poziomu. Pokryj obie strony rusztu gofrownicy sprayem zapobiegającym przywieraniu.
b) W misce wymieszaj mąkę, brązowy cukier, sodę oczyszczoną, sól i cynamon. W osobnej misce wymieszaj roztopione masło, mleko, miód i wanilię.
c) dodaj mokre składniki i mieszaj, aż powstanie ciasto.
d) Pozostaw mieszaninę na 5 minut. Będzie znacznie gęstsze niż zwykłe ciasto na gofry, ale nie tak gęste jak ciasto chlebowe.
e) Odmierz około ¼ szklanki ciasta i umieść je na jednej części gofrownicy. Powtórz tę czynność z kolejną ¼ szklanki ciasta, aby uzyskać górę i dół kanapki.
f) Zamknij pokrywkę i gotuj, aż gofrowane krakersy graham będą nadal lekko miękkie, ale gotowane przez 3 minuty.
g) Ostrożnie wyjmij waflowe krakersy graham z gofrownicy.
h) Będą dość miękkie, dlatego należy zachować ostrożność, aby zachować je w stanie nienaruszonym. Pozwól im lekko ostygnąć.
i) Powtórzyć z resztą ciasta.

4.Kakao wzbogacone pianką marshmallow

SKŁADNIKI:
- 1 szklanka mleka.
- 1 laska cynamonu.
- ¼ łyżeczki gałki muszkatołowej.
- 1 łyżka niesłodzonego kakao w proszku.
- 1-uncjowe kawałki czekolady.
- 1 kropla oleju kokosowego.
- Mini pianki.
- 1 kieliszek whisky cynamonowej

INSTRUKCJE:
a) W średniej wielkości rondlu podgrzej mleko.
b) Gotuj na małym ogniu z cynamonem i gałką muszkatołową przez 10 minut.
c) Wymieszaj proszek kakaowy.
d) Pozwól mu parzyć przez kilka minut, zanim wyłączysz ogień.
e) Połącz czekoladę, whisky, olej kokosowy i piankę marshmallow w jednym kubku.

5.Shake tiramisu

SKŁADNIKI:
- 5 uncji nalewki
- 4 duże gałki lodów waniliowych
- ½ szklanki mokki
- bita śmietana
- syrop czekoladowy
- Proszek kakaowy do posypania
- Garść prażonych pianek marshmallow

INSTRUKCJE:
a) W misce wymieszaj nalewkę, lody i mokkę na gładką masę.
b) Przelać do wysokiej szklanki, uzupełnić bitą śmietaną, syropem czekoladowym i kakao, posypać kakao.
c) Udekoruj piankami marshmallow.

6.Waflowe s'more

SKŁADNIKI:
- Nieprzywierający spray do gotowania
- ½ szklanki białej mąki pełnoziarnistej
- ½ szklanki mąki uniwersalnej
- ¼ szklanki mocno zapakowanego ciemnobrązowego cukru
- ½ łyżeczki sody oczyszczonej
- ¼ łyżeczki soli
- Szczypta mielonego cynamonu
- 4 łyżki roztopionego, niesolonego masła
- 2 łyżki mleka
- ¼ szklanki miodu
- 1 łyżka czystego ekstraktu waniliowego
- ¾ szklanki półsłodkich kawałków czekolady
- ¾ szklanki mini pianek marshmallow

INSTRUKCJE:

j) Rozgrzej gofrownicę do średniego poziomu. Pokryj obie strony rusztu gofrownicy sprayem zapobiegającym przywieraniu.

k) W misce wymieszaj mąkę, brązowy cukier, sodę oczyszczoną, sól i cynamon. W osobnej misce wymieszaj roztopione masło, mleko, miód i wanilię.

l) dodaj mokre składniki i mieszaj, aż powstanie ciasto.

m) Pozostaw mieszaninę na 5 minut. Będzie znacznie gęstsze niż zwykłe ciasto na gofry, ale nie tak gęste jak ciasto chlebowe.

n) Odmierz około ¼ szklanki ciasta i umieść je na jednej części gofrownicy. Powtórz tę czynność z kolejną ¼ szklanki ciasta, aby uzyskać górę i dół kanapki.

o) Zamknij pokrywkę i gotuj, aż gofrowane krakersy graham będą nadal lekko miękkie, ale gotowane przez 3 minuty.

p) Ostrożnie wyjmij waflowe krakersy graham z gofrownicy. Będą dość miękkie, dlatego należy zachować ostrożność, aby zachować je w stanie nienaruszonym. Pozwól im lekko ostygnąć. Powtórz kroki od 5 do 7 z resztą ciasta.

7.Naleśniki Marshmallow

SKŁADNIKI:
- 1 szklanka / 8 uncji mini pianek marshmallow
- 2 szklanki samorosnącej mąki
- 2 szklanki / 16 uncji mleka
- 2 jajka świeże i z wolnego wybiegu
- ¼ łyżeczki soli

DODATKI
- 2 łyżki mini pianek marshmallow
- syrop klonowy
- masło

INSTRUKCJE:

a) Ciasto: Do miski dodać mąkę, mleko, jajka i sól. Mieszaj drewnianą łyżką, aż składniki się połączą.

b) Marshmallows: dodaj mini marshmallows do ciasta naleśnikowego i wymieszaj, aby połączyć.

c) Gotowanie: spryskaj patelnię do naleśników olejem rzepakowym. Umieścić na kuchence i ustawić na średni ogień. Za pomocą miarki o pojemności ⅓ nabieraj łyżką i wylewaj mieszaninę na patelnię. Wlać bezpośrednio do dołu i trzymać rękę w jednym miejscu.

d) Odwróć: naleśniki smażą się od 2 do 3 minut po pierwszej stronie. Uważaj na bąbelki, które utworzą się na powierzchni, zaczynając od krawędzi. Kiedy dotrą do środka, nadszedł czas na przewrócenie naleśników. Wsuń silikonową łopatkę pod ugotowaną stronę, upewnij się, że naleśnik znalazł się na fliperze, następnie lekko podnieś rękę i przewróć na drugą stronę. Pozwól tej stronie gotować przez 1 do 2 minut.

e) Układanie: po ugotowaniu naleśników zacznij układać je na talerzu. W miarę wspinania się na górę dodaj do stosu kilka mini pianek marshmallow. Kiedy już znajdą się na górze, posmaruj je odrobiną masła, posyp pianką marshmallow i skrop syropem klonowym.

f) Podawanie: połóż stos naleśników na stole śniadaniowym jako centralny element. Możesz też zapewnić talerze i widelce do serwowania i pozwolić innym dekorować własne.

8. Batony śniadaniowe Marshmallow

SKŁADNIKI:
- 6 łyżek masła
- 16-uncjowy worek pianek marshmallow
- 6 szklanek płatków śniadaniowych, mieszając miarę z dowolnymi płatkami, które wybierzesz

INSTRUKCJE:
a) Wyłóż kwadratowe naczynie do pieczenia o średnicy 9 cali papierem pergaminowym i odłóż na bok
b) W dużej misce, którą można używać w kuchence mikrofalowej, dodaj masło. Podgrzej masło w kuchence mikrofalowej, aż się rozpuści. Przez około 1,5 minuty rozpuść masło
c) Do miski dodać pianki marshmallow i wymieszać je z roztopionym masłem. Włóż miskę z powrotem do kuchenki mikrofalowej i podgrzewaj przez kolejne 1,5 minuty, uważając, czy pianki nie wypłyną. Wyjąć i wymieszać. Jeśli pianki nie rozpuszczą się całkowicie, możesz je podgrzać jeszcze przez dłuższy czas. mieszając pianki marshmallow z roztopionym masłem
d) Teraz dodaj płatki! Zmieszaj wszystkie swoje ulubione płatki z pianką marshmallow i ostrożnie wymieszaj. Nie chcesz zmiażdżyć wszystkich płatków podczas ich mieszania.
e) Wlać mieszaninę płatków do przygotowanego naczynia do pieczenia. Delikatnie rozprowadź i dociśnij do patelni. Staraj się nie naciskać zbyt mocno, w przeciwnym razie trudniej będzie je zjeść. batoniki zbożowe z piankami marshmallow
f) Pozwól mu ostygnąć przez około godzinę. Wytnij i ciesz się!

9. Roladki z tostów francuskich z czekoladą i pianką marshmallow

SKŁADNIKI:
DO ROLL-UPÓW:
- 8 kromek białego chleba kanapkowego
- ½ szklanki mini pianek marshmallow
- ½ szklanki mini chipsów czekoladowych
- 1 łyżka masła

NA MIESZANKĘ JAJCZKOWĄ CZEKOLADOWĄ:
- 2 duże jajka
- 3 łyżki mleka
- ½ łyżki ekstraktu waniliowego
- 1 łyżka kakao w proszku

NA MIESZANKĘ CZEKOLADOWO-CUKIEROWĄ:
- ⅓ szklanki granulowanego cukru
- 1 łyżeczka cynamonu
- 1 łyżka kakao w proszku

INSTRUKCJE:
a) Z każdej kromki chleba odetnij skórkę i spłaszcz ją wałkiem do ciasta.
b) Umieść mini pianki i kawałki czekolady w pobliżu jednego końca kromki chleba.
c) Chleb ciasno zwiń. Powtórz tę czynność z pozostałymi kromkami chleba.
d) Przygotuj masę czekoladowo-jajeczną: w płytkiej misce wymieszaj jajka, mleko, ekstrakt waniliowy i jedną łyżkę kakao. Dobrze wymieszać.
e) Przygotuj mieszankę czekoladowo-cukrową: na talerzu wymieszaj cukier, cynamon i jedną łyżkę kakao. Odłożyć na bok.
f) Rozgrzej patelnię na średnim ogniu i rozpuść masło.
g) Zanurz każdą bułkę w mieszaninie jajek czekoladowych, dobrze ją pokryj i włóż na patelnię. Smaż je na złoty kolor ze wszystkich stron, około 2 minut na stronę. W razie potrzeby dodaj masło na patelnię.
h) Zdejmij każdą ugotowaną bułkę z patelni i natychmiast obtocz w mieszance czekoladowo-cukrowej, aż całkowicie pokryje się cukrem.

10. Płatki owsiane Fluffernutter

SKŁADNIKI:
- 1 szklanka szybkich płatków owsianych
- 2 szklanki wody
- 3-6 łyżek kremowego masła orzechowego lub ilość według uznania
- 2-4 łyżki puchu marshmallow lub ilość według uznania

DODATKI OPCJONALNE
- pokrojony banan lub inny ulubiony owoc
- suszone owoce
- 100% czysty syrop klonowy
- mielony cynamon
- nasiona chia lub inne nasiona lub orzechy

INSTRUKCJE:
a) W małym i średnim rondlu dodaj 2 szklanki wody i zagotuj.
b) Gdy woda się zagotuje, dodaj 1 szklankę szybkich płatków owsianych i gotuj przez 1 minutę, mieszając podczas gotowania.
c) Po zakończeniu rozłóż równomiernie łyżkę do 2 misek.
d) Dodaj masło orzechowe i piankę marshmallow oraz dowolne dodatki. Cieszyć się!

11. Nocne płatki owsiane S'Mores

SKŁADNIKI:
- ⅓ szklanki tradycyjnych płatków owsianych
- ⅓ szklanki zwykłego jogurtu greckiego
- ½ szklanki niesłodzonego waniliowego mleka migdałowego
- 2 łyżeczki nasion chia
- 2 łyżki kremu marshmallow
- ½ arkusza krakersów graham, pokruszonych
- ½ łyżki mini chipsów czekoladowych
- Mini pianki marshmallow (do posypania)

INSTRUKCJE:
a) Rozpocznij od połączenia w małej misce mokrych składników: zwykłego jogurtu greckiego, mleka migdałowego i kremu prawoślazowego. Dokładnie wymieszaj te składniki.
b) Zintegruj suche składniki z mieszaniną. Dodaj staromodny owies, nasiona chia, pokruszone krakersy graham i mini kawałki czekolady. Połącz wszystkie składniki, aż zostaną dobrze wymieszane.
c) Przenieś mieszaninę płatków owsianych do hermetycznego pojemnika. Pozostawić w lodówce na noc lub na co najmniej kilka godzin, aby poprawić smak i konsystencję.
d) Następnego dnia wyjmij pojemnik z lodówki. Dla dodatkowej przyjemności posyp płatki owsiane dodatkowymi mini piankami marshmallow, kawałkami czekolady i krakersami graham.

12.Naleśniki S'Mores

SKŁADNIKI:
- Mieszanka naleśnikowa do wyboru
- Jajka
- mleko
- Woda
- 1 łyżka masła
- ½ opakowania pianek marshmallow
- 4 krakersy graham
- 1 szklanka kawałków czekolady
- 3-4 pianki marshmallow do dekoracji

INSTRUKCJE:
a) Zacznij od przygotowania mieszanki na naleśniki zgodnie z instrukcją na opakowaniu. Aby uzyskać odpowiednią konsystencję, dodajemy kilka dodatkowych łyżek mleka, aby lekko rozrzedzić ciasto. Ten krok jest kluczowy, zwłaszcza że do mieszanki dodasz pokruszone krakersy graham. Staraj się uzyskać rzadszą konsystencję, aby uniknąć zbyt gęstego ciasta.

b) Kiedy już otrzymasz rozrzedzone ciasto, zgnieć 3-4 krakersy graham i delikatnie włóż je do ciasta naleśnikowego. Dzięki temu Twoje naleśniki zyskają wspaniałą konsystencję i klasyczny smak krakersów graham.

c) Smażyć naleśniki jak zwykle na patelni posmarowanej masłem, przewracając je, gdy zaobserwujesz, że tworzą się małe bąbelki. Po upieczeniu każdego naleśnika posypujemy go 2 łyżkami pianek marshmallow i posypujemy kawałkami czekolady.

d) Kontynuuj układanie naleśników pianką marshmallow i czekoladą pomiędzy każdym płatkiem krakersów graham. Aby uzyskać dodatkowy efekt, udekoruj stos dodatkowymi piankami marshmallow i posyp pyłem z krakersów graham.

e) Twoje naleśniki S'Mores są w tym momencie gotowe do spożycia. Jeśli jednak masz kulinarną pochodnię, rozważ lekkie podpieczenie puchu pianek marshmallow przed podaniem, aby uzyskać nieodparty akcent inspirowany ogniskiem.

13. S'Mores Miska na smoothie z granolą czekoladową

SKŁADNIKI:
- 2 szklanki jogurtu waniliowego
- 1 ¼ szklanki granoli z płatków owsianych i ciemnej czekolady
- 1 ¼ szklanki mini pianek marshmallow
- 1 ¼ szklanki kawałków mlecznej czekolady
- 2 łyżki syropu czekoladowego
- 1 ¼ szklanki płatków zbożowych

INSTRUKCJE:
a) Napełnij dwie miski jogurtem waniliowym.
b) Każdą miskę posyp płatkami owsianymi i ciemną czekoladową granolą.
c) Do każdej miski dodaj mini pianki marshmallow i kawałki mlecznej czekolady.
d) Każdą porcję polej syropem czekoladowym.
e) Tuż przed podaniem posypujemy wierzch płatkami zbożowymi.
f) Podawaj S'Mores Chocolate Granola Smoothie Bowl na zimno i ciesz się tym wspaniałym posiłkiem lub przekąską o każdej porze!

14.Burrito śniadaniowe S'Mores

SKŁADNIKI:
- 2 tortille pełnoziarniste
- 2 łyżki masła migdałowego
- 1 banan, pokrojony w plasterki
- 2 łyżki mini chipsów czekoladowych
- 2 łyżki pokruszonych krakersów graham
- Mini pianki marshmallow do posypania

INSTRUKCJE:
g) Na każdą tortillę posmaruj masłem migdałowym.
h) Na jednej tortilli ułóż plasterki banana, mini chipsy czekoladowe i pokruszone krakersy graham.
i) Na wierzch połóż mini pianki marshmallow i przykryj drugą tortillą.
j) Podgrzewaj na patelni, aż tortilla będzie złocista, a nadzienie lepkie.
k) Pokrój i ciesz się burrito śniadaniowym S'Mores!

PRZEKĄSKI I PRZYSTAWKI

15. Przekąski Banoffee S'Mores

SKŁADNIKI:
- Krakersy Graham, podzielone na kwadraty
- Dojrzałe plasterki banana
- Pianki marshmallow, tostowe
- Kwadraty z mlecznej czekolady
- Sos toffi do polania

INSTRUKCJE:
a) Połóż plasterek banana na kwadracie krakersów graham.
b) Podgrzej piankę marshmallow i połóż ją na bananie.
c) Dodaj kostkę mlecznej czekolady i polej sosem toffi. Na wierzch ułóż kolejny kwadrat krakersa graham.

16. Gorące bomby kakaowe Hershey's S'Mores

SKŁADNIKI:
- 3 szklanki roztopionej kory migdałowej z białą czekoladą
- 1 ½ szklanki gorącej mieszanki kakaowej – podzielone
- Mini pianki – 5 na każdą bombę – łącznie 30
- 1 szklanka roztopionej czekolady – do dekoracji wierzchniej
- Mini Marshmallows - tostowe - do dekoracji.
- 1 rękaw krakersów Graham – połówki
- 3 tabliczki czekolady Hershey's – połamane na kawałki

INSTRUKCJE:
a) Umieść korę migdałową z białej czekolady w misce nadającej się do kuchenki mikrofalowej i włączaj kuchenkę mikrofalową z 15-sekundowymi przerwami, aż czekolada się rozpuści. Mieszaj pomiędzy przerwami.
b) Do formy włóż łyżką białą czekoladę, tak aby spód i boki pokryły się grubą warstwą czekolady. Pozostawić w temperaturze pokojowej na około 30 minut, a następnie wstawić do lodówki na kolejne 30 minut, aby czekolada całkowicie stwardniała.
c) Wyjmij z lodówki i napełnij połowę foremek ¼ szklanki gorącej mieszanki kakaowej i mini pianek marshmallow.
d) Wyjąć drugą połowę czekolady z foremek, delikatnie podgrzać brzegi na małej patelni z powłoką nieprzywierającą lub gorącej płycie tak, aby brzegi czekolady ledwo się stopiły, a następnie przykleić górę formy do dna formy, zamykając je roztopiona czekolada.
e) Włóż ponownie do lodówki na 30 minut, aby czekolada stwardniała.
f) Wyjmij bombę czekoladową z lodówki, posmaruj roztopioną czekoladą S'Mores Hot Cocoa Bombs, połóż na wierzchu porcję czekolady i połóż na wierzch 3 mini-prażonych pianek marshmallow.
g) Połóż porcję czekolady na kwadracie Graham Cracker i sklej ze sobą oba kawałki. Połóż kolejną porcję czekolady na czekoladzie i przyklej na wierzch Gorącą Bombę Kakaową.
h) Aby podać, wlej gorące mleko i pozwól mu się rozpuścić, zamieszaj i ciesz się!

17.Godiva S'Mores

SKŁADNIKI:
- Ciasteczka GODIVA z ciemnej lub mlecznej czekolady
- Duże pianki

INSTRUKCJE:
a) Podpiecz piankę marshmallow za pomocą szpikulca nad otwartym ogniem, aż zacznie się rozszerzać i nabierze wspaniałego złotobrązowego koloru.
b) Umieść pieczoną piankę marshmallow pomiędzy dwoma czekoladowymi ciastkami GODIVA, upewniając się, że czekoladowa strona jest skierowana do wewnątrz.
c) Ciesz się smakołykiem, póki jest jeszcze ciepły.

18.s'Mores Ukąszenia precli

SKŁADNIKI:
- 100 precli (precle kwadratowe)
- 25 pianek marshmallow normalnej wielkości, przeciętych na pół
- 8 uncji półsłodkiej topiącej się czekolady (ciemna też jest w porządku)
- 3 arkusze krakersów graham, drobno zmiażdżone lub sproszkowane

INSTRUKCJE:
a) Umieść stojak do pieczenia na środku piekarnika i rozgrzej go do 350°F.
b) Blachę do pieczenia wyłóż silikonową matą do pieczenia lub papierem pergaminowym.
c) Ułóż pięćdziesiąt precli w jednej warstwie na blasze do pieczenia, pozostawiając około 2 cali między każdym preclem.
d) Na wierzchu każdego precla ułóż połówkę pianki marshmallow.
e) Włóż blachę do pieczenia do piekarnika i piecz, aż pianki zaczną się rumienić. Czasy pieczenia mogą się różnić, ale obserwuj uważnie przez około 10 minut.
f) Wyjmij precle z piekarnika i na każdy z nich połóż drugi precel, pozostawiając je do ostygnięcia na kilka minut.
g) Rozpuść czekoladę zgodnie z instrukcją na opakowaniu.
h) Każdy precel z pianki marshmallow zanurzamy mniej więcej w połowie w czekoladzie i układamy na wyłożonej papierem blasce.
i) Posyp pokruszonymi krakersami graham każdy kęs precla, gdy czekolada jest jeszcze mokra.

19. Batony S'Mores w pudełku śniadaniowym

SKŁADNIKI:

- 2 szklanki okruszków krakersów graham
- ½ szklanki roztopionego, niesolonego masła
- ¼ szklanki granulowanego cukru
- 2 szklanki mini pianek marshmallow
- 2 szklanki kawałków mlecznej czekolady
- ½ szklanki skondensowanego mleka
- 1 łyżeczka ekstraktu waniliowego

INSTRUKCJE:

a) Rozgrzej piekarnik do 175°C (350°F). Nasmaruj lub wyłóż blachę do pieczenia o wymiarach 9 x 9 cali papierem pergaminowym.

b) W misce wymieszaj okruchy krakersów graham, roztopione masło i cukier granulowany. Mieszaj, aż mieszanina będzie przypominać grube okruchy i dobrze się połączy.

c) Wciśnij równomiernie mieszaninę krakersów graham na dno przygotowanej formy do pieczenia, tworząc twardą i zwartą skórkę.

d) Posyp równomiernie mini piankami marshmallow na skórce krakersów graham. Następnie posyp piankę kawałkami czekolady.

e) W małej misce wymieszaj skondensowane mleko i ekstrakt waniliowy, aż dobrze się połączą. Skropić mieszaniną skondensowanego mleka pianki marshmallow i kawałki czekolady, zapewniając równomierne pokrycie.

f) Włóż blachę do nagrzanego piekarnika i piecz przez około 25-30 minut lub do momentu, aż pianki nabiorą złotobrązowego koloru, a czekolada się roztopi i zacznie bulgotać.

g) Wyjmij patelnię z piekarnika i poczekaj, aż całkowicie ostygnie. Po ostygnięciu ostrożnie wyjmij batoniki z formy za pomocą pergaminu i połóż je na desce do krojenia. Pokrój w kwadraty lub paski o żądanym rozmiarze.

h) Podawaj i ciesz się

20.Nutelle Smores

SKŁADNIKI:
- 4 całe krakersy graham, podzielone na dwie kwadratowe połowy
- 2 łyżki Nutelli
- 2 łyżki kremu marshmallow

INSTRUKCJE:

a) Połóż pół łyżeczki orzechów laskowych na czterech połówkach krakersów graham i pół łyżeczki kremu marshmallow na pozostałych 3 połówkach krakersów.

b) Teraz weź jedną połowę pianki marshmallow i jedną warstwę orzecha laskowego z wierzchnią połówką i ściśnij razem.

c) Zrób to dla wszystkich krakersów, aby uzyskać wiele zestawów i podać.

21. Mieszanka imprezowa S'Mores

SKŁADNIKI:
- 3 szklanki płatków Golden Graham
- 2 szklanki mini pianek marshmallow
- 1 szklanka kawałków czekolady
- 1 szklanka Teddy'ego Grahamsa
- ¼ szklanki roztopionego masła
- ¼ szklanki brązowego cukru
- 1 łyżeczka ekstraktu waniliowego
- ½ łyżeczki soli

INSTRUKCJE:
a) Rozgrzej piekarnik do 350°F (175°C).
b) W dużej misce wymieszaj Golden Grahams, mini pianki marshmallow, kawałki czekolady i Teddy Grahams.
c) W rondlu rozpuść masło na średnim ogniu.
d) Dodaj brązowy cukier i mieszaj, aż składniki dobrze się połączą.
e) Zdjąć z ognia i wymieszać z ekstraktem waniliowym i solą.
f) Wlać mieszaninę do mieszanki zbożowej i mieszać, aż wszystko będzie równomiernie pokryte.
g) Rozłóż mieszaninę na blasze do pieczenia i piecz przez 8-10 minut.
h) Ostudź przed podaniem.

22.s'Mores na grillu

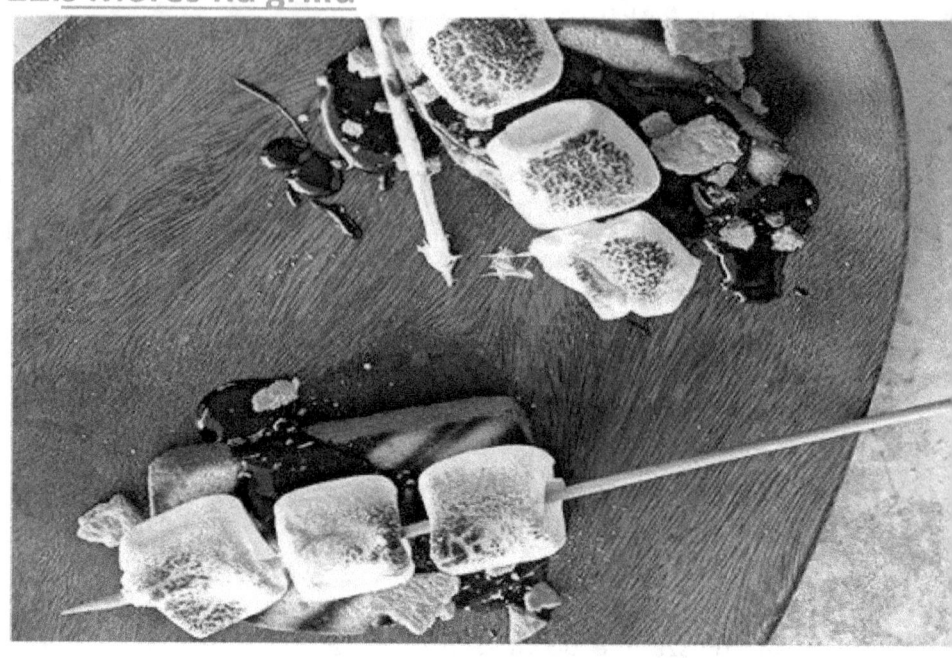

SKŁADNIKI:
- Garść batoników z ciemnej czekolady
- Kilka M i M
- Garść kubeczków z masłem orzechowym
- Garść krakersów Graham
- Garść czekolady
- Garść pianek marshmallow

INSTRUKCJE:
a) Rozgrzej grill do średniego ustawienia.
b) Na płaskiej powierzchni umieść kawałek folii o wymiarach 10 na 12 cali.
c) Pokruszyć krakersa graham i położyć go na folii.
d) Umieść wybrane cukierki na krakersie graham, a następnie posyp je wybranymi piankami marshmallow.
e) Zawiń lekko w folię i posyp pozostałymi okruszkami krakersów graham.
f) Podgrzewaj przez 2 do 3 minut na grillu lub do momentu, aż pianka marshmallow się rozpuści.

23.Kubek S'Mores Brownie

SKŁADNIKI:
- 2 łyżki roztopionego, niesolonego masła
- 2 łyżki granulowanego cukru
- 2 łyżki brązowego cukru pudru
- 2 łyżki niesłodzonego kakao w proszku
- ¼ łyżeczki ekstraktu waniliowego
- Szczypta soli
- ¼ szklanki mąki uniwersalnej
- 2 łyżki okruszków krakersów graham
- 2 łyżki kawałków czekolady
- Mini pianki marshmallow do posypania

INSTRUKCJE:
a) W kubku, który można używać w kuchence mikrofalowej, wymieszaj roztopione masło, cukier granulowany, cukier brązowy, kakao w proszku, ekstrakt waniliowy i sól.
b) Dodaj mąkę i mieszaj, aż dobrze się połączą.
c) Dodaj okruszki krakersów graham i kawałki czekolady.
d) Wstaw kubek do kuchenki mikrofalowej na maksymalną moc przez 45–60 sekund lub do momentu, aż ciasto będzie stwardniałe na brzegach, ale w środku lekko lepkie.
e) Wyjmij z kuchenki mikrofalowej i posyp mini piankami marshmallow. Za pomocą palnika kuchennego podpiecz pianki marshmallow na złoty kolor lub umieść kubek pod grillem na kilka sekund.
f) Pozwól mu ostygnąć przez minutę lub dwie, zanim będziesz mógł się nim delektować. Uważaj, bo pianki będą gorące i lepkie!

24. Snickers S'Mores

SKŁADNIKI:
- krakersy pełnoziarniste
- Pianki
- Batony Snickers

INSTRUKCJE:
a) Przełam krakersa graham na pół i na jednej z połówek połóż kawałek batonika Snickers.
b) Upiecz piankę marshmallow nad ogniskiem lub użyj palnika kuchennego, aż osiągnie pożądany poziom opiekania.
c) Połóż upieczoną piankę marshmallow na batoniku Snickers.
d) Połóż piankę marshmallow i Snickersa na drugiej połowie krakersa graham.
e) Powtórz ten proces, aby przygotować więcej Snickers S'Mores.

25. Ukąszenia słodkich ziemniaków z marshmallow

SKŁADNIKI:
- 4 słodkie ziemniaki, obrane i pokrojone w plasterki
- 2 łyżki roztopionego masła roślinnego
- 1 łyżeczka syropu klonowego
- Sól koszerna
- 10-uncjowy worek pianek marshmallow
- ½ szklanki połówek orzechów pekan

INSTRUKCJE:
a) Rozgrzej piekarnik do 400 stopni Fahrenheita.
b) Wyłóż słodkie ziemniaki z roztopionym masłem roślinnym i syropem klonowym na blasze do pieczenia i ułóż je w równą warstwę. Doprawić solą i pieprzem.
c) Piec do miękkości, około 20 minut, przewracając w połowie. Usunąć.
d) posyp pianką marshmallow i piecz przez 5 minut .
e) Podawaj natychmiast z połówką orzecha pekan na każdej piance marshmallow.

26.Ukąszenia kamienistej drogi

SKŁADNIKI:
- 350 g kawałków czekolady
- 30 g masła
- 397 g puszki skondensowanego słodzonego mleka
- 365 g orzeszków ziemnych prażonych na sucho
- 500 g białych pianek marshmallow, posiekanych

INSTRUKCJE:
a) Wyłóż blaszkę o wymiarach 9 x 13 cali papierem do pieczenia.
b) W misce przeznaczonej do kuchenki mikrofalowej włóż czekoladę i masło do mikrofalówki, aż się rozpuszczą.
c) Mieszaj od czasu do czasu, aż czekolada będzie gładka. Wymieszaj skondensowane mleko.
d) Połącz orzeszki ziemne i pianki; wymieszać z masą czekoladową.
e) Przelać do przygotowanej formy i schłodzić do stwardnienia. Pokrój w kwadraty.

27.Pieczona Cukierkowa Jabłkowa Niespodzianka

SKŁADNIKI:

- 4 czerwone jabłka, wydrążone w połowie i obrane
- ⅓ w dół od 16 najlepszych kawałków czerwonych gorących cukierków
- 8 miniaturowych pianek marshmallow

INSTRUKCJE:

a) Dodaj jabłka do naczynia żaroodpornego, które można używać w kuchence mikrofalowej.
b) Umieść cukierka, a następnie piankę marshmallow na środku każdego jabłka.
c) Przykryj naczynie plastikową folią lub woskowanym papierem.
d) Kuchenka mikrofalowa przez 7 minut.
e) Dodaj kolejną warstwę cukierków i pianek marshmallow.
f) Przykryj i gotuj ponownie przez 5 minut.

28.s'Mores na grillu

SKŁADNIKI:
- Garść batoników z ciemnej czekolady
- Kilka M i M
- Garść kubeczków z masłem orzechowym
- Garść krakersów Graham
- Garść czekolady
- Garść pianek marshmallow

INSTRUKCJE:
g) Rozgrzej grill do średniego ustawienia.
h) Na płaskiej powierzchni umieść kawałek folii o wymiarach 10 na 12 cali.
i) Pokruszyć krakersa graham i położyć go na folii.
j) Umieść wybrane cukierki na krakersie graham, a następnie posyp je wybranymi piankami marshmallow.
k) Zawiń lekko w folię i posyp pozostałymi okruszkami krakersów graham.
l) Podgrzewaj przez 2 do 3 minut na grillu lub do momentu, aż pianka marshmallow się rozpuści.

29.Schłodzona owocowa przekąska

SKŁADNIKI:
- 18-uncjowe opakowanie schłodzonego ciasta na ciasteczka z cukrem
- Krem marshmallow w słoiczku o pojemności 7 uncji
- Opakowanie 8 uncji serka śmietankowego, zmiękczonego

INSTRUKCJE:
a) Zanim zrobisz cokolwiek innego, ustaw piekarnik na 350 stopni F.
b) Ciasto ułóż na średniej blasze do pieczenia o grubości około ¼ cala.
c) Całość pieczemy w piekarniku około 10 minut.
d) Wyjmij wszystko z piekarnika i odstaw do wystygnięcia.
e) W misce wymieszaj serek śmietankowy i krem piankowy.
f) Rozłóż mieszaninę serka śmietankowego na cieście i wstaw do lodówki do schłodzenia przed podaniem.

30. Bananowa Łódź

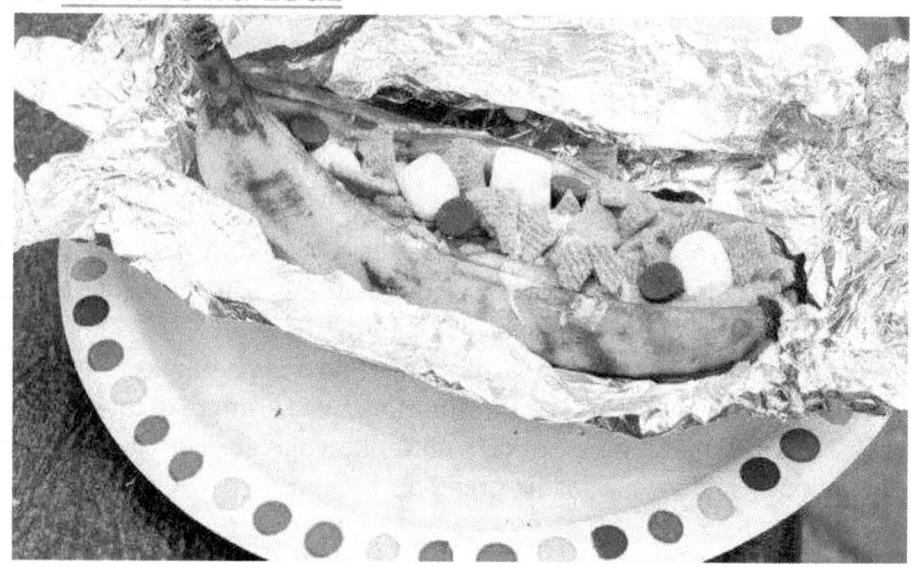

SKŁADNIKI:
- 1 Banan
- rodzynki
- Mini pianki
- brązowy cukier
- Chipsy czekoladowe

INSTRUKCJE:
a) Częściowo obierz banana. Wytnij kawałek banana w kształcie klina. Usuń klin.
b) Do wgłębienia włożyć: pianki, chipsy czekoladowe i rodzynki,
c) Posyp lekko brązowym cukrem.
d) Całość przykryj skórką od banana i zawiń w folię.
e) Umieścić w węglach na około 5 minut, aż czekolada i pianki się rozpuszczą.

31.Czekoladowe Marshmallow Blondies

SKŁADNIKI:
- ¾ szklanki mąki z białego ryżu
- ½ szklanki skrobi ziemniaczanej
- ½ szklanki proszku z maranty
- ½ łyżeczki gumy ksantanowej
- 1 łyżka niesłodzonego kakao w proszku
- 1 łyżeczka proszku do pieczenia
- ½ łyżeczki soli
- ½ szklanki niesolonego, miękkiego masła
- ¾ szklanki białego cukru
- ¾ szklanki jasnobrązowego cukru, zapakowane
- 2 duże jajka
- 2 łyżeczki ekstraktu waniliowego
- 1 szklanka mini pianek marshmallow
- ½ szklanki mini chipsów czekoladowych

INSTRUKCJE:
a) Rozgrzej piekarnik do 180°C / 350°F i nasmaruj blachę do pieczenia o wymiarach 9x13 cali.
b) W misce wymieszaj mąkę ryżową, proszek z maranty, skrobię kukurydzianą, kakao w proszku, gumę ksantanową, proszek do pieczenia i sól.
c) W osobnej misce dodaj cukier i masło i ubijaj, aż masa będzie puszysta i jasna.
d) Dodaj jajka i ekstrakt waniliowy i ubijaj, aż masa będzie gładka.
e) Dodawaj suche składniki małymi porcjami, aż masa będzie gładka i dobrze połączona.
f) Dodać kawałki czekolady i pianki marshmallow, a następnie rozprowadzić ciasto na przygotowanej patelni.
g) Piec przez 25 do 28 minut, aż blondy się zetną.
h) Pozwól, aby blondies całkowicie ostygły, zanim pokroisz je na batony.

32.Urodzinowe posypki ryżowe Krispies

SKŁADNIKI:
- 5 szklanek ryżowych krispies
- 3 łyżki masła
- 4 filiżanki-PUFFOWANYCH Miniaturowych Pianek Marshmallow
- Szczypta soli
- 1 łyżeczka ekstraktu waniliowego
- ½ szklanki posypki
- 2 łyżki oleju neutralnego
- 1 ½ szklanki białej czekolady
- Niebieska kropla żelu

INSTRUKCJE:
a) Spryskaj formę do pieczenia o wymiarach 8 x 8 cali sprayem do gotowania i odłóż na bok.
b) W dużym rondlu rozpuść masło, ekstrakt waniliowy i sól na małym ogniu. Dodaj pianki marshmallow i mieszaj, aż się rozpuszczą i będą gładkie.
c) Zdjąć z ognia i wymieszać z ryżowymi krispiesami i ½ szklanki posypki. Mieszaj, aż będzie dobrze pokryty.
d) Spryskaj dużą szpatułkę sprayem kuchennym i użyj go, aby równomiernie wcisnąć mieszaninę do przygotowanej patelni.
e) Aby przygotować polewę z białej czekolady: Rozpuść białą czekoladę z ¼ szklanki skondensowanego mleka w średnim rondlu na małym ogniu. Po rozpuszczeniu dodaj 1 lub 2 krople niebieskiego barwnika spożywczego, w zależności od tego, jak intensywny chcesz uzyskać kolor. polej ryżowymi krispiesami.

33. Biszkopty Z Pianką Marshmallow

SKŁADNIKI:

- ½ szklanki masła
- 1 ½ szklanki okruszków krakersów graham
- 14-uncjowa puszka słodzonego skondensowanego mleka
- 2 szklanki półsłodkich kawałków czekolady
- 1 szklanka chipsów z masłem orzechowym ½ szklanki kukurydzy cukrowej

INSTRUKCJE:

a) Rozgrzej piekarnik do 325 stopni F.
b) Umieść masło w naczyniu do pieczenia o wymiarach 9 x 13 cali i włóż do piekarnika, aż masło się rozpuści.
c) Wyjmij naczynie z piekarnika i równomiernie rozprowadź na dnie roztopione masło.
d) Posyp równomiernie okruszkami krakersów graham nad roztopionym masłem; zalać równomiernie słodzonym mlekiem skondensowanym.
e) Na wierzch posyp kawałkami czekolady i kawałkami masła orzechowego; mocno dociśnij.
f) Piec przez 25 do 30 minut, aż uzyska złoty kolor.
g) Wyjmij z piekarnika; od razu posypujemy cukrową kukurydzą i delikatnie wciskamy cukierki w niepokrojone batoniki. Studzimy, a następnie kroimy w batony.

34. Żurawinowe batoniki popcornowe

SKŁADNIKI:
- 3 uncje prażonego popcornu do mikrofalówki
- ¾ szklanki kawałków białej czekolady
- ¾ szklanki słodzonej suszonej żurawiny
- ½ szklanki słodzonych płatków kokosowych
- ½ szklanki migdałów w kawałkach, grubo posiekanych
- 10 uncji pianek marshmallow
- 3 łyżki masła

INSTRUKCJE:
a) Wyłóż blachę do pieczenia o wymiarach 13 x 9 cali folią aluminiową; spryskaj nieprzywierającym sprayem do warzyw i odłóż na bok. W dużej misce wymieszaj popcorn, kawałki czekolady, żurawinę, kokos i migdały; odłożyć na bok. W rondlu ustawionym na średnim ogniu wymieszaj pianki marshmallow i masło, aż się rozpuszczą i będą gładkie.

b) Wlać mieszaninę popcornu i wrzucić do całkowitego pokrycia; szybko przełożyć na przygotowaną patelnię.

c) Połóż na wierzchu arkusz woskowanego papieru; mocno dociśnij. Schładzaj przez 30 minut lub do momentu, aż będzie twarde. Podnieś pręty z patelni, używając folii jako uchwytów; zdejmij folię i papier woskowany. Pokrój w paski; schładzaj dodatkowe 30 minut.

35.Corny chrupiące przysmaki ryżowe

SKŁADNIKI:

- ½ szklanki masła
- 9 szklanek mini pianek marshmallow
- 10 szklanek chrupiących płatków ryżowych
- 1 szklanka kukurydzy cukrowej
- 1 szklanka indyjskiej kukurydzy cukrowej
- ¾ szklanki mini półsłodkich kawałków czekolady
- 2 krople żółtego i 1 kropla czerwonego barwnika spożywczego
- 20 cukierkowych dyń

INSTRUKCJE:

a) Rozpuść masło i pianki marshmallow w dużym rondlu na średnim ogniu; mieszaj, aż będzie gładka. W dużej misce połącz płatki zbożowe, kukurydzę cukrową i kawałki czekolady.

b) Zmieszaj barwnik spożywczy z mieszaniną pianek marshmallow, w razie potrzeby dodając więcej barwnika, aby uzyskać pożądany odcień pomarańczy. Dodaj mieszaninę pianek marshmallow do mieszanki płatków; szybko wymieszać do połączenia.

c) Rozłóż na wysmarowanej masłem formie do pieczenia o wymiarach 13 x 9 cali; naciśnij nasmarowanymi masłem dłońmi. Jeszcze ciepłe, naciśnij dynie cukierkowe w odległości od 1 ½ do 2 cali.

d) Przechowywać w lodówce przez godzinę lub do momentu, aż stwardnieje; pokroić w kwadraty. Aby przygotować cieńsze smakołyki, użyj formy do galaretek o wymiarach 15 x 10 cali.

36. Cukierkowe Kulki Popcornu Kukurydzianego

SKŁADNIKI:
- 8 szklanek prażonego popcornu
- 1 szklanka kukurydzy cukrowej
- ¼ szklanki masła
- ¼ łyżeczki soli
- Opakowanie 10 uncji. Pianki

INSTRUKCJE:
a) Połącz popcorn i kukurydzę cukrową w dużej misce; odłożyć na bok. Rozpuść masło w dużym rondlu na średnim ogniu; wymieszać z solą i piankami marshmallow.
b) Zmniejsz ogień do małego i gotuj, często mieszając, przez 7 minut lub do momentu, aż pianki marshmallow się rozpuszczą i mieszanina będzie gładka.
c) Wlać mieszaninę popcornu, mieszając do pokrycia. Lekko posmaruj dłonie sprayem warzywnym i uformuj mieszaninę popcornu w 4-calowe kulki.
d) W razie potrzeby zawiń kulki pojedynczo w celofan.

37. Ptysie Marshmallow

SKŁADNIKI:
- 1 rurka w kształcie półksiężyca
- 8 pianek
- 3 łyżki masła, roztopionego
- 3 łyżki cukru
- 1 łyżeczka cynamonu

INSTRUKCJE:
a) Rozgrzej piekarnik do 375 stopni F. Nasmaruj 8 foremek na muffiny.
b) W małej misce rozpuść masło.
c) W drugiej małej misce wymieszaj cynamon i cukier.
d) Zwiń piankę marshmallow w roztopionym maśle; następnie obtoczyć w mieszance cukru i cynamonu. Zawiń w trójkąt w kształcie półksiężyca, pamiętając o szczelnym zamknięciu.
e) Umieść je w przygotowanej patelni. Piec przez 8-10 minut, aż uzyska złoty kolor.

38. S'Mores Wontons

SKŁADNIKI:
- Opakowania Wonton
- ½ szklanki mini pianek marshmallow
- ¼ szklanki kawałków czekolady
- ¼ szklanki pokruszonych krakersów graham
- 1 jajko, ubite
- Olej roślinny do smażenia

INSTRUKCJE:
a) Umieść małą łyżkę mini pianek marshmallow, kawałków czekolady i pokruszonych krakersów graham na każdym opakowaniu wonton.
b) Zwilż krawędzie opakowania wonton wodą, złóż na pół i dociśnij, aby zamknąć.
c) Zanurz każdy wonton w roztrzepanym jajku, a następnie włóż na gorący olej.
d) Smaż wontony przez 2-3 minuty z każdej strony lub do złotego koloru.

39.Dip S'Mores

SKŁADNIKI:
- 1 szklanka kawałków czekolady
- 1 szklanka mini pianek marshmallow
- Krakersy Graham do maczania

INSTRUKCJE:
a) Rozgrzej piekarnik do 175°C (350°F).
b) W naczyniu żaroodpornym układaj kawałki czekolady.
c) Na wierzch połóż mini pianki marshmallow.
d) Piec, aż pianki marshmallow będą złocistobrązowe.
e) Podawać z krakersami graham jako pyszny dip S'Mores.

40. Mieszanka szlaków S'Mores

SKŁADNIKI:
- 1 szklanka mini pianek marshmallow
- 1 szklanka kawałków czekolady
- 1 szklanka płatków zbożowych typu krakers graham
- 1 szklanka migdałów lub mieszanki orzechów

INSTRUKCJE:
a) Wymieszaj mini pianki marshmallow, kawałki czekolady, płatki zbożowe krakersy graham i orzechy.
b) Porcjuj do torebek wielkości przekąsek.
c) Ciesz się tą przenośną i smaczną mieszanką szlaków S'Mores.

41. Truskawki nadziewane S'Mores

SKŁADNIKI:
- Świeże truskawki
- Chipsy czekoladowe
- Mini pianki
- Pokruszone krakersy graham

INSTRUKCJE:
a) Wydrążyć truskawki.
b) Każdą truskawkę napełnij kawałkami czekolady i mini piankami marshmallow.
c) Na wierzch posypujemy pokruszonymi krakersami graham.
d) Zrelaksuj się przed podaniem tych przysmaków S'Mores wielkości kęsa.

42.Popcorn S'Mores

SKŁADNIKI:
- 8 szklanek prażonego popcornu
- 1 szklanka mini pianek marshmallow
- 1 szklanka kawałków czekolady
- 1 szklanka kawałków krakersa graham

INSTRUKCJE:
a) Wymieszaj prażony popcorn, mini pianki, kawałki czekolady i kawałki krakersa graham.
b) Rozłóż na blasze do pieczenia.
c) Piec w temperaturze 175°C, aż pianki marshmallow się rozpuszczą.
d) Ostudzić i podzielić na grona, aby otrzymać popcorn inspirowany S'Mores.

43. S'Mores Energy Bites

SKŁADNIKI:
- 1 szklanka płatków owsianych
- ½ szklanki masła migdałowego
- ⅓ szklanki miodu lub syropu klonowego
- ½ szklanki mini chipsów czekoladowych
- ½ szklanki pokruszonych krakersów graham
- ½ szklanki mini pianek marshmallow

INSTRUKCJE:
a) Wymieszaj płatki owsiane, masło migdałowe, miód lub syrop klonowy, kawałki czekolady, pokruszone krakersy graham i mini pianki marshmallow.
b) Formuj kulki wielkości kęsa.
c) Schłodzić w lodówce do twardości.
d) Zjedz energetyczne przekąski inspirowane smakiem S'Mores.

44. Kulka serowa S'Mores

SKŁADNIKI:
- 8 uncji serka śmietankowego, zmiękczonego
- ½ szklanki cukru pudru
- ¼ szklanki kakao w proszku
- 1 szklanka mini kawałków czekolady
- 1 szklanka pokruszonych krakersów graham
- Mini pianki do panierowania

INSTRUKCJE:
a) W misce wymieszaj serek śmietankowy, cukier puder i kakao w proszku, aż uzyskasz gładką masę.
b) Dodać mini kawałki czekolady i pokruszone krakersy graham.
c) Uformuj mieszaninę w kulę.
d) Obtocz kulkę serową w mini piankach marshmallow, aż pokryje się nią.
e) Podawać z krakersami graham lub preclami jako słodki i serowy dip S'Mores.

45.Kora czekoladowa S'Mores

SKŁADNIKI:
- 12 uncji posiekanej ciemnej czekolady
- 1 szklanka mini pianek marshmallow
- 1 szklanka pokruszonych krakersów graham
- ½ szklanki posiekanych orzechów (opcjonalnie)

INSTRUKCJE:
a) Rozpuść ciemną czekoladę w podwójnym bojlerze lub w kuchence mikrofalowej.
b) Blachę do pieczenia wyłóż papierem pergaminowym.
c) Na pergamin wylewamy roztopioną czekoladę i rozprowadzamy ją równą warstwą.
d) Posyp czekoladę mini piankami marshmallow, pokruszonymi krakersami graham i posiekanymi orzechami.
e) Przechowywać w lodówce do momentu, aż czekolada stwardnieje, a następnie podzielić ją na kawałki.

46.Batony z ciasteczkami S'Mores

SKŁADNIKI:
- 1 szklanka niesolonego masła, zmiękczonego
- 1 szklanka granulowanego cukru
- 1 szklanka brązowego cukru
- 2 duże jajka
- 1 łyżeczka ekstraktu waniliowego
- 3 szklanki mąki uniwersalnej
- 1 łyżeczka sody oczyszczonej
- ½ łyżeczki soli
- 1 szklanka kawałków czekolady
- 1 szklanka mini pianek marshmallow
- 1 szklanka pokruszonych krakersów graham

INSTRUKCJE:
a) Rozgrzej piekarnik do 175°C i natłuść formę do pieczenia.
b) W dużej misce utrzyj miękkie masło, cukier granulowany i brązowy cukier.
c) Wbijaj po jednym jajku, a następnie dodaj ekstrakt waniliowy.
d) W osobnej misce wymieszaj mąkę, sodę oczyszczoną i sól. Dodać do mokrych składników i wymieszać tylko do połączenia.
e) Dodaj kawałki czekolady, mini pianki marshmallow i pokruszone krakersy graham.
f) Rozłóż równomiernie ciasto w przygotowanej formie do pieczenia.
g) Piec przez 25-30 minut lub do momentu, aż krawędzie będą złociste.
h) Ostudzić przed pokrojeniem na batony.

47.S'Mores Rice Krispie Przysmaki

SKŁADNIKI:
- 6 filiżanek płatków zbożowych Rice Krispies
- ¼ szklanki niesolonego masła
- 1 opakowanie (10 uncji) mini pianek marshmallow
- 1 szklanka pokruszonych krakersów graham
- 1 szklanka kawałków czekolady

INSTRUKCJE:
a) W dużym garnku roztapiamy masło na małym ogniu.
b) Dodaj mini pianki marshmallow i mieszaj, aż całkowicie się rozpuszczą.
c) Zdjąć z ognia i dodać płatki Rice Krispies.
d) Połowę masy wciśnij do natłuszczonej formy do pieczenia.
e) Posyp pokruszonymi krakersami graham i kawałkami czekolady na wierzchu.
f) Na nadzienie wyciśnij pozostałą mieszankę Rice Krispie.
g) Pozostawić do ostygnięcia przed pocięciem na kwadraty.

48. Pizza S'Mores

SKŁADNIKI:
- ciasto na pizzę
- Oliwa z oliwek
- Ser mozzarella, posiekany
- Ugotowany kurczak, rozdrobniony
- Pokrojona czerwona cebula
- Sos grilowy
- Mini pianki

INSTRUKCJE:
a) Rozgrzej piekarnik zgodnie z instrukcją dotyczącą ciasta na pizzę.
b) Rozwałkuj ciasto na pizzę i posmaruj je oliwą z oliwek.
c) Na cieście rozsmaruj warstwę startego sera mozzarella.
d) Dodaj posiekanego ugotowanego kurczaka i pokrojoną w plasterki czerwoną cebulę i skrop sosem BBQ.
e) Na wierzch połóż mini pianki marshmallow.
f) Piec, aż skórka będzie złocista, a ser się roztopi.
g) Pokrój i ciesz się pikantną pizzą S'Mores.

KANAPKI I WRAPY

49. Grillowany ser inspirowany S'Mores

SKŁADNIKI:
- Kromki chleba na zakwasie
- Ostre plastry sera cheddar
- Gotowane paski bekonu
- Pokrojone pomidory
- Masło

INSTRUKCJE:
a) Posmaruj masłem jedną stronę każdej kromki chleba na zakwasie.
b) Po stronie nieposmarowanej masłem ułóż ostry ser cheddar, ugotowany bekon i pokrojone pomidory.
c) Na wierzch połóż kolejną kromkę chleba na zakwasie, stroną posmarowaną masłem na zewnątrz.
d) Smażyć na patelni, aż chleb będzie złocisty, a ser się roztopi.
e) Podawaj gorący grillowany ser S'Mores.

50.Quesadilla S'Mores

SKŁADNIKI:
- 2 tortille pełnoziarniste
- 2 łyżki masła orzechowego
- ½ banana, pokrojonego w plasterki
- 2 łyżki mini chipsów czekoladowych
- 2 łyżki mini pianek marshmallow

INSTRUKCJE:
a) Posmaruj masło orzechowe po jednej stronie każdej tortilli.
b) Na jednej tortilli ułóż plasterki banana, mini chipsy czekoladowe i mini pianki marshmallow.
c) Na wierzch połóż drugą tortillę, stroną z masłem orzechowym do dołu.
d) Smażyć na patelni, aż obie strony będą złocistobrązowe, a nadzienie się rozpuści.
e) Pokrój i ciesz się quesadillą S'Mores.

51.Burger inspirowany S'Mores

SKŁADNIKI:

- Burgery z mielonej wołowiny lub roślinne
- Bułki do hamburgerów
- Plasterki sera szwajcarskiego
- Duszone grzybki
- Chrupiące paski bekonu
- Sos grilowy

INSTRUKCJE:

a) Grilluj burgery według własnych upodobań.
b) Podpiecz bułki hamburgerowe na grillu.
c) Na każdym kotleciku połóż plaster sera szwajcarskiego, aby się roztopił.
d) Burgery łączymy z podsmażonymi grzybami i chrupiącym boczkiem.
e) Skropić sosem BBQ, aby uzyskać akcent inspirowany S'Mores.

DANIE GŁÓWNE

52. Zapiekanka ze słodkich ziemniaków z marshmallow

SKŁADNIKI:
- 4 ½ funta słodkich ziemniaków
- 1 szklanka granulowanego cukru
- ½ szklanki wegańskiego masła zmiękczonego
- ¼ szklanki mleka roślinnego
- 1 łyżeczka ekstraktu waniliowego
- ¼ łyżeczki soli
- 1 ¼ szklanki płatków kukurydzianych, pokruszonych
- ¼ szklanki posiekanych orzechów pekan
- 1 łyżka brązowego cukru
- 1 łyżka masła wegańskiego, roztopionego
- 1 ½ szklanki miniaturowych pianek marshmallow

INSTRUKCJE:
a) Rozgrzej piekarnik do 425 stopni Fahrenheita.
b) Piecz słodkie ziemniaki przez 1 godzinę lub do miękkości.
c) Słodkie ziemniaki przekroić na pół i wydrążyć wnętrze do naczynia miksującego.
d) Używając miksera elektrycznego, ubij puree ze słodkich ziemniaków, cukier granulowany i 5 następujących składników, aż uzyskasz gładką masę.
e) Włóż mieszaninę ziemniaków do natłuszczonej formy do pieczenia o wymiarach 11 x 7 cali.
f) W misce wymieszaj płatki kukurydziane i trzy kolejne składniki.
g) Posyp naczynie w ukośnych rzędach w odległości 2 cali.
h) Piec 30 minut.
i) Pomiędzy rzędami płatków kukurydzianych posyp piankami marshmallow; piec 10 minut.

53. Pięć filiżanek sałatki owocowej

SKŁADNIKI:
- 1 1 uncja Puszka mandarynek, odsączonych
- 13½ uncji Puszka kawałków ananasa, odsączonych
- ½ szklanki soku z ananasa
- 1 ½ szklanki miniaturowych pianek marshmallow
- 2 szklanki kwaśnej śmietany
- 3 ½ uncji Płatki kokosowe
- 1 szklanka winogron/wiśni do dekoracji

INSTRUKCJE:
a) Wszystkie składniki oprócz dekoracji połączyć i wstawić do lodówki na kilka godzin lub na noc.
b) Podawać na miseczkach sałat udekorowanych winogronami lub wiśniami.

54.Sałatka z mrożonych owoców

SKŁADNIKI:
- 1 koperta z niesmakowaną żelatyną
- ½ szklanki wrzącej wody
- 16 uncji Puszka koktajlu owocowego w syropie
- ½ szklanki majonezu lub cudownego bata
- 2 ½ szklanki słodzonej bitej śmietany

INSTRUKCJE:
a) Jeśli chcesz, dodaj ¾ szklanki pianek marshmallow jednocześnie z bitą śmietaną
b) Rozpuścić żelatynę we wrzącej wodzie. Lekko ostudzić, a następnie wymieszać z koktajlem owocowym i majonezem. Schłodzić przez 10 minut. Dodać bitą śmietanę.
c) Przelać do małej keksówki lub naczynia do pieczenia i zamrozić. Pokrój w plasterki lub kwadraty i podawaj na sałacie.
d) Schłodź przez kilka godzin.

55. Sałatka Owocowa Pomarańczowa

SKŁADNIKI:
- 2 szklanki Wrzącej wody podzielonej
- 3 uncje galaretki cytrynowej
- 2 szklanki kostek lodu, podzielone
- 3 uncje galaretki pomarańczowej
- 20 uncji zmiażdżonego ananasa
- 2 filiżanki Min. Pianki
- 3 Duże banany pokrojone w plasterki
- ½ szklanki drobno posiekanego sera Cheddar
- 1 szklanka zarezerwowanego soku ananasowego
- ½ szklanki) cukru
- Ubite jajka
- 1 łyżka Oleo
- 1 szklanka śmietanki do ubijania
- 2 łyżki skrobi kukurydzianej

INSTRUKCJE:
a) Wlać do formy do pieczenia o wymiarach 13 x 9 x 2 cale. Przechowywać w lodówce do stwardnienia. Powtórzyć z galaretką pomarańczową, pozostałym lodem i wodą.
b) Wymieszać z piankami marshmallow. Wylać na warstwę cytrynową; przechowywać w lodówce aż do stężenia. Aby przygotować dressing, połącz na patelni sok ananasowy, jajko z cukrem, skrobię kukurydzianą i masło. Gotuj na średnim ogniu, ciągle mieszając, aż masa zgęstnieje.
c) Przykryj i wstaw do lodówki na noc. Następnego dnia na galarecie ułóż banany z bitą śmietaną.
d) Połącz dressing z bitą śmietaną; rozsmarować na bananach, posypać serem.

56.Sałatka Owocowa Dla Dzieci

SKŁADNIKI:
- 17 uncji Koktajl owocowy w puszkach, odsączony
- 1 ½ szklanki miniaturowych pianek marshmallow
- 2 średnie banany, pokrojone w plasterki
- 1 średnie jabłko, grubo posiekane
- 2 łyżki   soku z cytryny
- ¼ szklanki wiśni Maraschino, przekrojonych na połówki
- 1 ½ szklanki fajnego bata

INSTRUKCJE:
a) Wymieszaj pokrojone jabłka i banany w soku z cytryny, aby nie ściemniały
b) W dużej misce połącz wszystkie składniki oprócz zimnej ubijaczki. Delikatnie włóż chłodny bicz. Okładka; schłodzić do momentu podania.
c) Dzieci się tym interesują – myślą, że to fajny bicz, który ich interesuje.

DESER

57. Grillowane ciasto funtowe S'Mores

SKŁADNIKI:
- 1 szklanka półsłodkich kawałków czekolady
- Mrożone ciasto funtowe o masie 10,75 uncji, rozmrożone
- 1 szklanka kremu marshmallow
- Lody waniliowe

INSTRUKCJE:
a) Ciasto przekrój poziomo na trzy warstwy.
b) Rozłóż ½ szklanki kremu marshmallow i ½ kawałków na dolnym poziomie na dużym arkuszu wytrzymałej folii.
c) Aby zapewnić pewne uszczelnienie, krawędzie folii zachodzą na siebie.
d) Grilluj przez 7-20 minut na małym ogniu bez pokrywy grilla.

58. Tort z kubkiem S'Mores

SKŁADNIKI:
- 4 łyżki mąki uniwersalnej
- 2 łyżki granulowanego cukru
- 2 łyżki niesłodzonego kakao w proszku
- ⅛ łyżeczki proszku do pieczenia
- ⅛ łyżeczki soli
- 3 łyżki mleka
- 2 łyżki oleju roślinnego
- ¼ łyżeczki ekstraktu waniliowego
- 2 łyżki mini pianek marshmallow
- 1 łyżka kawałków czekolady
- 1 krakers graham, zmiażdżony

INSTRUKCJE:
a) W kubku nadającym się do kuchenki mikrofalowej wymieszaj mąkę, cukier, kakao w proszku, proszek do pieczenia i sól.
b) Do kubka dodaj mleko, olej roślinny i ekstrakt waniliowy. Mieszaj, aż ciasto będzie gładkie.
c) Posyp ciasto mini piankami marshmallow i kawałkami czekolady.
d) Wstaw kubek do kuchenki mikrofalowej na maksymalną moc przez 1 minutę i 30 sekund lub do momentu, aż ciasto wyrośnie i znajdzie się pośrodku.
e) Wyjmij kubek z kuchenki mikrofalowej i posyp pokruszonym krakersem graham na wierzchu.
f) Zanim zaczniesz się nim delektować, poczekaj kilka minut, aż ciasto z kubka ostygnie.

59.Baileys'Mores

SKŁADNIKI:
- 100 ml oryginalnego irlandzkiego kremu Baileys
- 100 g pokruszonych Digestions lub kruchego ciasta
- 100 g mini pianek marshmallow
- 120 g pianek marshmallow
- 100 ml sosu czekoladowego
- Aby zakończyć, przedmuchaj palnik

INSTRUKCJE:
a) Na dno słoika wrzucamy pokruszone kruche ciasto. Łyżka na piankach marshmallow.
b) Podgrzej sos czekoladowy i wlej go do słoików.
c) Dodaj trochę więcej sosu czekoladowego.
d) Posypujemy mini piankami marshmallow.
e) Wlej Baileys na swoje dzieło.
f) Teraz podgrzej pianki marshmallow za pomocą palnika, aż się rozpuszczą i będą pyszne.

60. Lasagne S'Mores

SKŁADNIKI:
- 1 ½ szklanki okruszków krakersów graham
- 6 łyżek roztopionego niesolonego masła
- 8 uncji serka śmietankowego, zmiękczonego
- ½ szklanki cukru pudru
- 1 łyżeczka ekstraktu waniliowego
- 1 szklanka gęstej śmietanki
- 1 szklanka mini pianek marshmallow
- 1 szklanka kawałków czekolady
- Pokruszone krakersy graham i prażone pianki marshmallow do dekoracji

INSTRUKCJE:
a) W misce wymieszaj okruchy krakersa graham i roztopione masło, aż dobrze się połączą.
b) Wciśnij mieszaninę okruchów na dno natłuszczonej formy do pieczenia o wymiarach 9 x 13 cali, aby uformować skórkę.
c) W drugiej misce ubić serek śmietankowy, cukier puder i ekstrakt waniliowy na gładką masę.
d) W osobnej misce ubijaj gęstą śmietanę, aż powstanie sztywna piana.
e) Delikatnie wymieszaj ubitą śmietanę z masą serową, aż składniki dobrze się połączą.
f) Rozłóż połowę mieszanki serka śmietankowego na skórce krakersów graham w naczyniu do pieczenia.
g) Posyp równomiernie mini piankami marshmallow i kawałkami czekolady na warstwie serka śmietankowego.
h) Powtórz warstwy z pozostałą mieszanką serka śmietankowego, mini piankami marshmallow i kawałkami czekolady.
i) Posyp wierzchnią warstwę pokruszonymi krakersami graham.
j) Piec w piekarniku nagrzanym do temperatury 175°C przez około 15-20 minut lub do momentu, aż pianki marshmallow staną się złociste i lepkie.
k) Wyjąć z piekarnika i pozostawić do lekkiego ostygnięcia.
l) Przed podaniem udekoruj prażonymi piankami marshmallow.
m) Podawać na ciepło lub schłodzone.

61. Galettes Bananowo - Biscoff S'Mores

SKŁADNIKI:
NA CIASTO GALETTE:
- 1 ¼ szklanki mąki uniwersalnej
- 1 łyżka cukru granulowanego
- ¼ łyżeczki soli
- ½ szklanki niesolonego masła, zimnego i pokrojonego w małą kostkę
- 3-4 łyżki wody z lodem

DO WYPEŁNIENIA:
- 2 dojrzałe banany, pokrojone w plasterki
- ½ szklanki pasty Biscoff (lub pasty Speculoos)
- ½ szklanki mini pianek marshmallow
- 1 łyżka cukru kryształu do posypania

DO SERWOWANIA:
- Bita śmietana lub lody waniliowe (opcjonalnie)

INSTRUKCJE:

a) W misce wymieszaj mąkę, cukier i sól na ciasto galette. Dodaj zimne, pokrojone w kostkę masło i opuszkami palców lub nożem do ciasta pokrój masło z mieszanką mąki, aż będzie przypominało grubą okruchy.

b) Stopniowo dodawaj wodę z lodem, po 1 łyżce na raz, i mieszaj, aż ciasto się połączy. Z ciasta uformuj dysk, zawiń go w folię i włóż do lodówki na co najmniej 30 minut.

c) Rozgrzej piekarnik do 190°C (375°F). Blachę do pieczenia wyłóż papierem pergaminowym.

d) Na lekko posypanej mąką powierzchni rozwałkuj schłodzone ciasto galette na szorstki okrąg o grubości około ⅛ cala. Rozwałkowane ciasto przełożyć na przygotowaną blachę.

e) Rozsmaruj masę biszkoptową na środku ciasta galette, pozostawiając brzegi na brzegach. Na wierzchu kremu Biscoff ułóż pokrojone w plasterki banany.

f) Posyp równomiernie mini pianki marshmallows na bananach. Złóż brzegi ciasta galette do wewnątrz, delikatnie nakładając nadzienie.

g) Posyp granulowanym cukrem zawinięte brzegi ciasta galette.

h) Piec w nagrzanym piekarniku przez około 20-25 minut lub do momentu, aż galette będzie złotobrązowa, a nadzienie będzie musujące.

i) Wyjmij galette z piekarnika i przed podaniem odczekaj kilka minut, aż ostygnie.

j) Podawaj ciepłą galette samą lub z kleksem bitej śmietany lub gałką lodów waniliowych, aby uzyskać dodatkową rozkosz.

62. Krówka Goździkowa Piankowa

SKŁADNIKI:
- 2 łyżki masła lub margaryny
- ⅔ szklanki nierozcieńczonego skondensowanego mleka
- 1 ½ szklanki cukru granulowanego
- ¼ łyżeczki soli
- 2 szklanki miniaturowych pianek marshmallow
- 1 ½ szklanki półsłodkich kawałków czekolady
- 1 łyżeczka ekstraktu waniliowego
- ½ szklanki posiekanych orzechów pekan lub orzechów włoskich

INSTRUKCJE:
a) Kwadratowa patelnia o średnicy 8 cali i masie.
b) Na patelni wymieszaj masło, skondensowane mleko, cukier i sól.
c) Doprowadzić do wrzenia, ciągle mieszając.
d) Gotuj przez 4 do 5 minut, ciągle mieszając, i zdejmij z ognia.
e) Wymieszaj pianki, kawałki, wanilię i orzechy.
f) Mieszaj energicznie przez 1 minutę lub do momentu całkowitego rozpuszczenia pianek.
g) Wlać do patelni. Studzimy i kroimy w kwadraty. Wskazówka Aby uzyskać grubsze krówki, użyj formy do pieczenia chleba o wymiarach 7 x 5 cali.

63.Ciasto F unfetti

SKŁADNIKI:
- 1 paczka Wilgotna mieszanka żółtego ciasta
- 1 paczka Waniliowa mieszanka budyniowa błyskawiczna
- 4 Jajka
- 1 filiżanka Woda
- ½ szklanki Olejek Crisco
- 1 filiżanka Półsłodkie mini chipsy czekoladowe
- 1 filiżanka Kolorowe mini pianki
- ⅔ szklanki Czekoladowy lukier do ciasta
- 2 łyżki stołowe Półsłodkie mini chipsy czekoladowe

INSTRUKCJE:
a) Rozgrzej piekarnik do 350 stopni Fahrenheita.
b) Masło i mąka w formie do pieczenia o wymiarach 13x9x2 cali.

ABY ZROBIĆ CIASTO
c) Wymieszaj masę ciasta, mieszankę budyniową, jajka, wodę i olej za pomocą miksera elektrycznego
d) Wmieszaj mikro kawałki czekolady, a następnie wlej wszystko na patelnię.
e) Piec przez 45 minut w temperaturze 350 stopni F.

DO polewy
f) Od razu równomiernie posyp gorące ciasto piankami marshmallow. Napełnij do połowy miskę przeznaczoną do kuchenki mikrofalowej lukrem.
g) Kuchenka mikrofalowa przez 25-30 sekund na poziomie WYSOKIM.
h) Mieszaj, aż mieszanina będzie całkowicie gładka.
i) Posmaruj piankami marshmallow i równomiernie ułóż ciasto.
j) Na wierzch dodaj 2 łyżki kawałków czekolady.
k) Pozwól na całkowite ochłodzenie.

64. Grillowane ciasto funtowe S'Mores

SKŁADNIKI:
- 1 szklanka półsłodkich kawałków czekolady
- Mrożone ciasto funtowe o masie 10,75 uncji, rozmrożone
- 1 szklanka kremu marshmallow
- Lody waniliowe

INSTRUKCJE:
e) Ciasto przekrój poziomo na trzy warstwy.
f) Rozłóż ½ szklanki kremu marshmallow i ½ kawałków na dolnym poziomie na dużym arkuszu wytrzymałej folii.
g) Aby zapewnić pewne uszczelnienie, krawędzie folii zachodzą na siebie.
h) Grilluj przez 7-20 minut na małym ogniu bez pokrywy grilla.

65. Płatki kukurydziane Ciasteczka Marshmallow

SKŁADNIKI:
- 16 łyżek masła
- 1 ¼ szklanki granulowanego cukru
- ¼ szklanki jasnego brązowego cukru
- 1 jajko
- ½ łyżeczki ekstraktu waniliowego
- 1 ½ szklanki mąki
- ½ łyżeczki proszku do pieczenia
- ¼ łyżeczki sody oczyszczonej
- 1¼ łyżeczki soli koszernej
- 3 szklanki chrupiących płatków kukurydzianych
- ¼ szklanki mini chipsów czekoladowych
- 1 ¼ szklanki mini pianek marshmallow

INSTRUKCJE:

a) Połącz masło i cukier w misie miksera wyposażonego w łopatkę i ubijaj na średnim poziomie przez 2 do 3 minut. Zeskrob ze ścianek miski, dodaj jajko i wanilię i ubijaj przez 7 do 8 minut.
b) Zmniejsz prędkość miksera do najniższej i dodaj mąkę, proszek do pieczenia, sodę oczyszczoną i sól. Mieszaj tylko do połączenia się ciasta, nie dłużej niż 1 minutę.
c) Za pomocą szpatułki zeskrobać boki miski.
d) Mimo to, przy niskiej prędkości, wiosłuj chrupiące płatki kukurydziane i mini kawałki czekolady, aż się połączą, nie dłużej niż 30 do 45 sekund.
e) Wiosłuj mini pianki marshmallow, aż się połączą.
f) Za pomocą gałki do lodów o pojemności 2¾ uncji nałóż ciasto na wyłożoną pergaminem blachę. Poklep wierzchołki ciasta ciasteczkowego na płasko. Owiń szczelnie blachę w folię i przechowuj w lodówce przez co najmniej 1 godzinę lub do 1 tygodnia.
g) Rozgrzej piekarnik do 375°F.
h) Ułóż schłodzone ciasto w odstępach co najmniej 4 cali na blachach wyłożonych pergaminem lub Silpatem. Piec 18 minut. Ciasteczka będą się pęcznieć, pękać i rozprzestrzeniać się.
i) Po 18 minutach ciasteczka powinny być rumiane na brzegach i zaczynać się rumienić w kierunku środka.
j) Jeśli tak nie jest, pozostaw je w piekarniku na około minutę, a na powierzchni nadal wydają się blade i ciastowate.
k) Całkowicie ostudź ciasteczka na blachach przed przeniesieniem ich na talerz lub hermetyczny pojemnik w celu przechowywania. W temperaturze pokojowej ciasteczka zachowają świeżość przez 5 dni; w zamrażarce, można je przechowywać przez 1 miesiąc.

66. Ciasto z Konika Polnego

SKŁADNIKI:
- 1 porcja Brownie Pie, przygotowana w kroku 8
- 1 porcja Nadzienia Sernik Miętowy
- 20 g mini chipsów czekoladowych [2 łyżki]
- 25 g mini pianek marshmallow [½ szklanki]
- 1 porcja miętowej glazury, ciepła

INSTRUKCJE:
a) Rozgrzej piekarnik do 350°F.
b) Weź blachę i połóż na niej foremkę z ciastem graham. Do muszli wlać miętowe nadzienie sernikowe. Na wierzch wyłóż masę brownie. Czubkiem noża obracaj ciasto i nadzienie miętowe, odrywając smugi nadzienia miętowego, tak aby były widoczne przez ciasto brownie.
c) Posyp mini kawałkami czekolady mały pierścień na środku ciasta, pozostawiając środek w kształcie „byczego oka" pusty. Posyp mini piankami marshmallow w pierścień wokół pierścienia kawałków czekolady.
d) Piecz ciasto przez 25 minut. Powinno lekko puchnąć na krawędziach, ale nadal być drgające w środku. Mini chipsy czekoladowe będą wyglądać, jakby zaczynały się topić, a mini pianki powinny być równomiernie opalone. Jeśli tak się nie stanie, pozostaw ciasto w piekarniku na dodatkowe 3–4 minuty.
e) Całkowicie ostudzić ciasto przed jego ukończeniem.
f) Upewnij się, że glazura jest nadal ciepła w dotyku. Zanurz zęby widelca w ciepłej glazurze, a następnie zawieś widelec około 1 cala nad środkiem ciasta w kształcie „dziesiątki".
g) Przenieś ciasto do lodówki, aby lukier miętowy stwardniał przed podaniem – co nastąpi, gdy tylko ostygnie, około 15 minut. Zawinięte w folię plastikową ciasto zachowa świeżość w lodówce do 1 tygodnia lub w zamrażarce do 2 tygodni.

67. Ciasto warstwowe ze słodu czekoladowego

SKŁADNIKI:

- 1 porcja ciasta czekoladowego
- 1 porcja Namoczenia Ovaltine
- 1 porcja sosu słodowego krówkowego, ciepła
- ½ porcji Mlecznej Kruszonki Słodowej
- 1 porcja zwęglonych pianek marshmallows

INSTRUKCJE:

a) Połóż kawałek pergaminu lub Silpat na blacie. Odwróć na nim ciasto i zdejmij pergamin lub Silpat ze spodu ciasta. Za pomocą foremki do ciasta wytnij 2 kółka z ciasta. To są Twoje 2 najlepsze warstwy ciasta. Pozostały „złom" ciasta połączy się i utworzy dolną warstwę ciasta.

DÓŁ

b) Oczyść pierścień ciasta i umieść go na środku blachy wyłożonej czystym pergaminem lub Silpatem. Użyj 1 paska octanu, aby wyłożyć wnętrze pierścienia ciasta.

c) Włóż resztki ciasta do pierścienia i wierzchem dłoni ubij je w płaską, równą warstwę.

d) Zanurz pędzelek do ciasta w namoczeniu Ovaltine i nałóż warstwę ciasta dobrą, zdrową kąpielą z połowy namoczenia.

e) Tylną częścią łyżki nałóż równą warstwę na ciasto jedną piątą sosu z krówek słodowych.

f) Posyp równomiernie połową okruszków słodowego mleka i jedną trzecią zwęglonych pianek marshmallow na sos słodowy. Użyj grzbietu dłoni, aby zakotwiczyć je na miejscu.

g) Za pomocą grzbietu łyżki rozprowadź kolejną piątą sosu słodowego krówkowego tak równomiernie, jak to możliwe, na bułce tartej i piankach marshmallow.

ŚRODEK

h) Palcem wskazującym delikatnie wsuń drugi pasek octanu pomiędzy pierścień ciasta a górną ¼ cala pierwszego paska octanu, tak aby uzyskać przezroczysty pierścień octanu o wysokości od 5 do 6 cali – wystarczająco wysoki, aby utrzymać wysokość gotowe ciasto. Połóż okrągły placek na wierzchu sosu i powtórz proces dla warstwy 1.

SZCZYT

i) Pozostałą część ciasta włóż do sosu. Wierzch ciasta posmaruj pozostałym sosem krówkowym. Ponieważ jest to sos, a nie lukier, tutaj nie masz innego wyjścia, jak tylko zrobić błyszczący, idealnie płaski wierzch. Udekoruj pozostałymi zwęglonymi piankami marshmallow.

j) Blaszkę wkładamy do zamrażarki i zamrażamy na minimum 12 godzin, aby ciasto i nadzienie stwardniały. Ciasto można przechowywać w zamrażarce do 2 tygodni.

k) Co najmniej 3 godziny przed podaniem ciasta wyjmij blachę z zamrażarki i palcami i kciukami wyjmij ciasto z formy. Delikatnie odklej octan i przenieś ciasto na talerz lub paterę. Pozostawiamy do rozmrożenia w lodówce na minimum 3 godziny.

l) Ciasto pokroić w kostkę i podawać.

68.Lody Charleston Cobblestone

SKŁADNIKI:
- 1 ½ uncji niesłodzonej pieczonej czekolady
- 1 szklanka pół na pół
- ⅓ szklanki granulowanego cukru
- 1 szklanka śmietany do ubijania
- 6 żółtek
- ⅓ szklanki granulowanego cukru
- ¼ szklanki niesolonego, miękkiego masła
- 1 łyżeczka ekstraktu waniliowego
- 1 szklanka miniaturowych pianek marshmallow
- 1 szklanka prażonych, posiekanych migdałów
- 1 szklanka rodzynek
- 1 szklanka miniaturowych kawałków czekolady

INSTRUKCJE:
a) W małym rondelku, na małym ogniu, rozpuść czekoladę z połową na pół. Mieszaj, aż będzie gładkie. Odłożyć na bok.
b) W średnim rondlu wymieszaj ⅓ szklanki cukru ze śmietaną i na średnim ogniu ubijaj żółtka i pozostałe ⅓ szklanki cukru, aż masa będzie jasna i cytrynowa. Zahartuj masę żółtkową, mieszając około połowy bardzo gorącej śmietany. Wlej mieszaninę jajeczną do rondla i kontynuuj gotowanie, aż zgęstnieje.
c) Zdjąć z ognia i wymieszać z miękkim masłem i ekstraktem waniliowym. Dodaj mieszaninę czekolady i mieszaj, aż masa będzie gładka i dobrze wymieszana. Pozostawić do ostygnięcia, następnie schłodzić.
d) Przed ubijaniem dodaj pianki, migdały, rodzynki i chipsy.

69.Lody Czekoladowe Mallow

SKŁADNIKI:
- ½ szklanki półsłodkich kawałków czekolady
- ½ szklanki plus ⅔ szklanki gęstej śmietanki
- ¼ szklanki wody
- 8 pianek marshmallow, pokrojonych

INSTRUKCJE:

a) Połącz kawałki czekolady, ½ szklanki śmietanki, wodę i pianki w 2-litrowym rondlu. Gotuj i mieszaj na małym ogniu, aż czekolada i pianki się rozpuszczą. Zdjąć z ognia; dokładnie ostudzić.

b) Ubij ⅔ szklanki śmietanki na sztywną masę. Dodawaj do zimnej masy czekoladowej, aż dobrze się połączy. Zamrozić w pojemniku na kostki lodu; nie mieszaj.

70.Lody agrestowo-ptasie mleczko

SKŁADNIKI:
- 12 dużych białych pianek marshmallow
- ¾ szklanki skondensowanego mleka
- 1 funt świeżego lub mrożonego agrestu
- ⅓ szklanki granulowanego cukru
- ⅔ szklanki ubitej śmietanki
- ¼ szklanki jasnego syropu kukurydzianego

INSTRUKCJE:

a) W misce ustawionej nad garnkiem z ciepłą wodą rozpuść pianki marshmallows ze skondensowanym mlekiem i mieszaj, aż masa będzie gładka. W rondlu gotuj połowę agrestu w 2 łyżkach wody na delikatnym ogniu przez około 5 minut lub do momentu, aż skórka pęknie, a owoce zmiękną. Wymieszaj cukier, a następnie odcedź. Ostudzić.

b) Dodać ubitą śmietanę i przelać do pojemnika. Przykryj i zamroź, aż będzie twarde.

c) Zrób sos, gotując pozostały agrest z syropem kukurydzianym i 2 łyżkami wody w zakrytym garnku na delikatnym ogniu, aż owoce zmiękną. Przetrzeć przez sitko i odstawić.

d) Na około 45 minut przed podaniem lody wkładamy do lodówki. Tuż przed podaniem w razie potrzeby delikatnie podgrzej sos. Pomiędzy makaroniki włóż lody i polej sosem.

71. Lody Rocky Road

SKŁADNIKI:
- ⅓ szklanki drobnego cukru
- 2 szklanki pełnego mleka, schłodzonego
- ¼ szklanki niesłodzonego kakao w proszku
- ½ mlecznej czekolady, połamanej
- 2 łyżeczki czystego ekstraktu waniliowego
- 1 szklanka gęstej śmietany, ubitej i schłodzonej
- 1 szklanka mini pianek marshmallow
- ½ szklanki mieszanki grubo posiekanych orzechów pekan i pokrojonych migdałów

INSTRUKCJE:
a) W rondlu podgrzej cukier z połową mleka, kakao i czekoladą, od czasu do czasu mieszając. Gdy czekolada całkowicie się rozpuści, a mieszanina będzie dobrze wymieszana, odstaw ją do całkowitego ostygnięcia.
b) Po ostygnięciu dodać wanilię i resztę mleka. Stopniowo wymieszaj to z bitą śmietaną.
c) Wlej do maszyny do lodów i postępuj zgodnie z instrukcją. Kiedy lody będą już prawie zamrożone, przełóż je do pojemnika do zamrażania i szybko dodaj pianki i orzechy. Jeśli nie masz maszyny do lodów, postępuj zgodnie z metodą mieszania ręcznego i po ostatnim ubijaniu lodów dodaj pianki i orzechy. Zamrażaj na 15 minut przed podaniem lub do czasu, aż będzie potrzebne.
d) Przechowywać w zamrażarce do 2 tygodni, ale wyjąć na 15 minut przed podaniem, aby zmiękło.

72. Lody Key Limonkowe

SKŁADNIKI:
- ¾ szklanki granulowanego cukru
- 2 jajka
- ½ łyżeczki startej skórki z limonki
- 1 szklanka pełnego mleka
- 1 szklanka miniaturowych pianek marshmallow
- 1 szklanka śmietany do ubijania
- ½ szklanki soku z limonki
- 3 krople zielonego barwnika spożywczego

INSTRUKCJE:
a) Połączyć cukier i jajka, dokładnie wymieszać. Dodaj skórkę z limonki i mleko. Gotuj na średnim ogniu, aż lekko zgęstnieje. Zdjąć z ognia i dodać pianki marshmallow, mieszając, aż się rozpuszczą. Fajny
b) Do schłodzonej mieszanki dodać sok z limonki i śmietankę.
c) Dodaj barwnik spożywczy według uznania. Zamrozić zgodnie ze wskazówkami producenta lodów.

73. Kubeczki z musem czekoladowym S'Mores

SKŁADNIKI:
- 1 szklanka okruszków krakersów graham
- 2 żółtka
- ¼ szklanki) cukru
- ½ szklanki gęstej śmietany do ubijania
- ½ szklanki czekolady
- ¾ szklanki gęstej śmietany do ubijania

INSTRUKCJE:
a) Ubijaj żółtka w małej misce za pomocą miksera elektrycznego na wysokich obrotach przez około 3 minuty lub do momentu, aż masa będzie gęsta i cytrynowa. Stopniowo ubijaj cukier.
b) Podgrzej ½ szklanki śmietanki do ubijania w 2-litrowym rondlu na średnim ogniu, aż będzie gorąca. Stopniowo dodawaj co najmniej połowę gorącej śmietany do ubitej masy z żółtek; ponownie wmieszać do gorącej śmietanki w rondlu. Gotuj na małym ogniu przez około 3 minuty, ciągle mieszając, aż mieszanina zgęstnieje.
c) Mieszaj, aż kawałki czekolady się rozpuszczą. Przykryć i wstawić do lodówki na około 2 godziny, od czasu do czasu mieszając, aż do zastygnięcia.
d) Ubij ¾ szklanki śmietany do ubijania w schłodzonej średniej misce za pomocą miksera elektrycznego ustawionego na dużą prędkość, aż będzie sztywna. Mieszankę czekoladową wymieszać z bitą śmietaną.
e) Wyciśnij lub łyżką mieszaninę do misek. Po podaniu natychmiast schłodź resztę deseru.
f) Na wierzch połóż krem z pianki marshmallow i gigantyczną tost z pianki marshmallow.

74.Ciasto z kubkiem Frankensteina

SKŁADNIKI:
NA babeczki:
- 200 g miękkiego masła
- 175 g złotego cukru pudru
- 250 g mąki samorosnącej
- 1 łyżeczka proszku do pieczenia
- ¼ łyżeczki soli
- 3 duże jajka
- ½ łyżeczki ekstraktu waniliowego
- 100 ml mleka

DO DEKORACJI:
- 300 g cukru pudru, przesianego
- 2-3 łyżki mleka
- zielona pasta barwiąca żywność
- 36 mini pianek, 12 przeciętych na pół, na oczy

INSTRUKCJE:

a) Rozgrzej piekarnik do 180°C/160°C z termoobiegiem/gaz 4 i wyłóż 12-otworową formę do muffinów głębokimi papilotkami. Masło utrzeć z cukrem, aż masa będzie jasna i puszysta. Dodajemy pozostałe składniki ciasta i ubijamy na gładką masę.

b) Nałóż łyżką do foremek na muffiny i piecz przez 20 minut lub do momentu, aż będą złociste, a patyczek wbity w jedno ze środkowych ciast będzie czysty. Studzimy przez 5 minut w formie, a następnie całkowicie na metalowej kratce

c) Za pomocą małego, ostrego, ząbkowanego noża odetnij półokrągły kawałek ciasta z lewej i prawej strony każdego ciasta, tak aby krawędzie były schodkowe i zrównały się z papilotką.

d) Następnie wykonaj nacięcie na szerokość około 3 cm od wierzchu ciasta i głębokość około 1 cm. Odetnij 5-milimetrowy kawałek z powierzchni ciasta, aby dopasować go do tego nacięcia, aby uzyskać płaską, uniesioną twarz i wydatne czoło. Schładzamy przez 10 minut, aby okruszki stwardniały

e) Wymieszaj cukier puder, mleko i zielony barwnik, aby uzyskać bardzo gęsty lukier, który powoli spływa z łyżki. Nałóż 1 łyżkę stołową na ciasto i poczekaj, aż zacznie się rozprzestrzeniać się nad wyciętym kształtem. Poluzuj go tu i tam za pomocą noża paletowego, aby go pokryć.

f) Dodaj śruby i oczka z pianki marshmallow. Powtórz tę czynność dla każdej babeczki.

g) Pozostaw do zastygnięcia, a następnie nałóż na twarz i włosy

75. Ciasto Pajęcze

SKŁADNIKI:
- Mieszanka do ciasta czekoladowego o pojemności 18,5 uncji, przygotowane ciasto
- 1 szklanka mini pianek marshmallow
- 16-uncjowy pojemnik białego lukru
- 4 krople czerwonego barwnika spożywczego
- 4 krople żółtego barwnika spożywczego
- 2 czarne żelki
- 1 tubka czarnego żelu dekoracyjnego lub 1 sznurek czarnej lukrecji

INSTRUKCJE:
a) Rozgrzej piekarnik do 350 stopni F. Posmaruj dwie 8-calowe formy do ciasta sprayem do gotowania. Wlać ciasto do foremek i piec przez 28 do 30 minut lub do momentu, aż wykałaczka wbita w środek będzie czysta.
b) Jeszcze ciepłe, przełóż jedno ciasto na półmisek. Na wierzch połóż mini pianki marshmallow i połóż drugą warstwę ciasta prawą stroną do góry na piankach marshmallow. Odstawiamy na 5 minut, aż pianki marshmallow się rozpuszczą, a następnie schładzamy, aż staną się twarde.
c) W małej misce wymieszaj 1-¼ szklanki białego lukieru z czerwonym i żółtym barwnikiem spożywczym, aż lukier stanie się pomarańczowy. Posmaruj wierzch i boki ciasta.
d) Umieść pozostały biały lukier w zamykanej plastikowej torbie do przechowywania. Odetnij bardzo małą końcówkę z rogu torebki i wytnij wzór pajęczyny na wierzchu ciasta.
e) Na pajęczynie umieść czarną żelatynę i czarnym żelem narysuj nogi lub uformuj je lukrecją, aby wyglądały jak pająk.
f) Powtórz tę czynność z pozostałą żelem i żelem, aby utworzyć drugiego pająka.

76. Pięciominutowa Krówka

SKŁADNIKI:
- ⅔ filiżanka Odparowane mleko
- 1⅔ szklanki Cukier
- ½ łyżeczki soli
- 1 ½ szklanki Pianki
- 1 ½ filiżanki Chipsy czekoladowe
- 1 łyżeczka Wanilia

INSTRUKCJE:
a) Połącz mleko, cukier i sól w rondlu ustawionym na średnim ogniu.
b) Doprowadzić do wrzenia i gotować przez 4-5 minut, ciągle mieszając. Zdjąć z ognia.
c) Dodaj pianki marshmallow, chipsy czekoladowe i wanilię.
d) Mieszaj energicznie przez 1 minutę.
e) Wlać do wysmarowanej masłem kwadratowej patelni o średnicy 8 cali.
f) Studzimy, aż przestanie wypadać i rozlewać się po patelni.
g) Dodaj ½ szklanki posiekanych orzechów przed wsypaniem ich na patelnię.

77. Mus z jajek wielkanocnych

SKŁADNIKI:
- 8 batoników czekoladowych po 25 g
- 25 g masła
- 75 g pianek Freedom
- 30 ml wody
- ½ łyżeczki ekstraktu waniliowego
- 140 ml śmietanki podwójnej

INSTRUKCJE:
a) Rozpuść 3 tabliczki czekolady w żaroodpornej misce ustawionej nad garnkiem z gotującą się wodą.
b) Wyjmij połówki jajek z foremek i włóż je z powrotem do lodówki.
c) Do małego rondelka włóż pozostałe tabliczki czekolady, masło, pianki i wodę.
d) Gotuj na małym ogniu i dobrze mieszaj, aż mieszanina uzyska gładką konsystencję. Zdjąć z ognia i pozostawić do ostygnięcia.
e) Dodaj ekstrakt waniliowy do podwójnej śmietanki i ubijaj, aż utworzą się sztywne szczyty
f) Delikatnie wymieszaj ubitą śmietanę z gładką masą czekoladową i równomiernie rozdziel ją pomiędzy foremki na jajka wielkanocne.

78.Babeczki S'Mores

SKŁADNIKI:
- 1 ¾ szklanki mąki uniwersalnej
- 1 szklanka granulowanego cukru
- ½ szklanki niesłodzonego kakao w proszku
- 1 łyżeczka proszku do pieczenia
- ½ łyżeczki sody oczyszczonej
- ½ łyżeczki soli
- 2 duże jajka
- 1 szklanka pełnego mleka
- ½ szklanki oleju roślinnego
- 2 łyżeczki ekstraktu waniliowego
- 1 szklanka mini pianek marshmallow
- 1 szklanka pokruszonych krakersów graham
- 1 szklanka kawałków czekolady

INSTRUKCJE:
a) Rozgrzej piekarnik do 175°C i wyłóż formę do muffinów papilotkami.
b) W dużej misce wymieszaj mąkę, cukier, kakao, proszek do pieczenia, sodę oczyszczoną i sól.
c) W osobnej misce ubij jajka, dodaj mleko, olej roślinny i ekstrakt waniliowy. Dobrze wymieszaj.
d) Połącz mokre i suche składniki, aż się połączą.
e) Dodaj mini pianki marshmallow, pokruszone krakersy graham i kawałki czekolady.
f) Wlać ciasto do papilotek i piec przez 18-20 minut lub do momentu, aż wykałaczka będzie sucha.
g) Pozwól im ostygnąć przed podaniem.

79. Sernik Dyniowy S'Mores

SKŁADNIKI:
DO SKORUPY:
- 1 ½ szklanki pokruszonych krakersów graham
- 2 łyżki granulowanego cukru
- 1 łyżeczka przyprawy dyniowej
- ¼ szklanki roztopionego masła

DO WYPEŁNIENIA:
- 8 uncji serka śmietankowego, zmiękczonego
- ½ szklanki brązowego cukru
- 2 jajka
- 1 (15 uncji) puszka puree z dyni
- ⅓ szklanki gęstej śmietanki
- 1 łyżeczka ekstraktu waniliowego
- 1 łyżeczka cynamonu
- ½ łyżeczki gałki muszkatołowej

NA KRUSZNĘ:
- ½ szklanki krakersów graham, połamanych na małe kawałki
- ⅓ szklanki brązowego cukru
- ¼ szklanki mąki
- ¼ łyżeczki cynamonu
- ½ szklanki kawałków czekolady (można też użyć kawałków czekolady)
- 1 szklanka mini pianek marshmallow
- Krem marshmallow (opcjonalnie do skropienia)

INSTRUKCJE:

a) Nagrzej piekarnik do 350 stopni. Wyłóż blachę o wymiarach 8 x 8 cali papierem pergaminowym i odłóż na bok. 2. Przygotuj spód: W misce wymieszaj krakersy graham, cukier, przyprawę dyniową i roztopione masło, aż się połączą.

b) Naciśnij skórkę na patelni o wymiarach 8"x 8". Ciasto pieczemy w nagrzanym piekarniku przez 8 minut. 4. Przygotować nadzienie: W dużej misce wymieszać mikserem z serkiem śmietankowym i brązowym cukrem przez 30 sekund. Na małej prędkości powoli dodawaj jajka, puree z dyni, gęstą śmietanę, ekstrakt waniliowy, cynamon i gałkę muszkatołową. Mieszaj, aż uzyskasz kremową konsystencję.

c) Na wierzch ciasta wylać farsz.

d) Piec w nagrzanym piekarniku przez 45 minut.

e) Przygotuj kruszonkę: wymieszaj połamane krakersy graham, brązowy cukier, mąkę, cynamon, kawałki czekolady i mini pianki.

f) Posyp kruszonką batoniki dyniowe i piecz przez kolejne 10 minut. * Uważaj, aby pianki nie przypaliły się*

g) Wyjmij batony z piekarnika i pozostaw do ostygnięcia do temperatury pokojowej. Przed podaniem schłodzić w lodówce przez 3 godziny.

80. Ciasto S'mores

SKŁADNIKI:

- 1 ½ szklanki okruszków krakersów graham
- ½ szklanki roztopionego, niesolonego masła
- ¼ szklanki granulowanego cukru
- 1 ½ szklanki kawałków czekolady
- 1 szklanka gęstej śmietanki
- 1 szklanka mini pianek marshmallow
- ½ szklanki pokruszonych krakersów graham do posypania

INSTRUKCJE:

a) Rozgrzej piekarnik do 175°C (350°F).
b) W misce wymieszaj okruchy krakersów graham, roztopione masło i cukier. Wciśnij do formy do ciasta, aby uformować skórkę.
c) Piec spód przez 10 minut, następnie pozostawić do ostygnięcia.
d) W rondlu podgrzej gęstą śmietanę, aż zacznie się gotować. Zdejmij z ognia i polej kawałkami czekolady, mieszając, aż masa będzie gładka.
e) Na schłodzony spód wylać masę czekoladową.
f) Na wierzch ułóż mini pianki marshmallow i posyp pokruszonymi krakersami graham.
g) Umieścić pod grillem na 1-2 minuty, aż pianki marshmallow staną się złotobrązowe.
h) Pozwól ostygnąć przed podaniem.

81. Kubeczki z musem czekoladowym S'Mores

SKŁADNIKI:
- 1 szklanka okruszków krakersów graham
- 2 żółtka
- ¼ szklanki) cukru
- ½ szklanki gęstej śmietany do ubijania
- ½ szklanki czekolady
- ¾ szklanki gęstej śmietany do ubijania

INSTRUKCJE:
g) Ubijaj żółtka w małej misce za pomocą miksera elektrycznego na wysokich obrotach przez około 3 minuty lub do momentu, aż masa będzie gęsta i cytrynowa. Stopniowo ubijaj cukier.
h) Podgrzej ½ szklanki śmietanki do ubijania w 2-litrowym rondlu na średnim ogniu, aż będzie gorąca. Stopniowo dodawaj co najmniej połowę gorącej śmietany do ubitej masy z żółtek; ponownie wmieszać do gorącej śmietanki w rondlu. Gotuj na małym ogniu przez około 3 minuty, ciągle mieszając, aż mieszanina zgęstnieje.
i) Mieszaj, aż kawałki czekolady się rozpuszczą. Przykryć i wstawić do lodówki na około 2 godziny, od czasu do czasu mieszając, aż do zastygnięcia.
j) Ubij ¾ szklanki śmietany do ubijania w schłodzonej średniej misce za pomocą miksera elektrycznego ustawionego na dużą prędkość, aż będzie sztywna. Mieszankę czekoladową wymieszać z bitą śmietaną.
k) Wyciśnij lub łyżką mieszaninę do misek. Po podaniu natychmiast schłodź resztę deseru.
l) Na wierzch połóż krem z pianki marshmallow i gigantyczną tost z pianki marshmallow.

82.Kanapki lodowe S'Mores

SKŁADNIKI:
- Krakersy Graham (wystarczające do kanapek)
- Lody czekoladowe
- Mini pianki
- Chipsy czekoladowe do obtoczenia

INSTRUKCJE:
a) Weź krakersa graham i nałóż na niego niewielką ilość lodów czekoladowych.
b) Dodaj warstwę mini pianek marshmallow i połóż na wierzch kolejny krakers graham.
c) Obtocz brzegi kanapki lodowej w kawałkach czekolady.
d) Powtórz tę czynność dla dowolnej liczby kanapek.
e) Zamroź, aż stwardnieje i ciesz się kanapkami z lodami S'Mores.

83. Drobiazg S'Mores

SKŁADNIKI:
- 2 szklanki ciasta czekoladowego pokrojonego w kostkę
- 1 szklanka budyniu czekoladowego
- 1 szklanka bitej śmietany
- 1 szklanka mini pianek marshmallow
- 1 szklanka pokruszonych krakersów graham
- Wiórki czekoladowe do dekoracji

INSTRUKCJE:
a) W osobnych szklankach do serwowania ułóż na dnie kostki ciasta czekoladowego.
b) Dodać warstwę budyniu czekoladowego, a następnie warstwę bitej śmietany.
c) Na wierzch posypujemy mini piankami marshmallow i pokruszonymi krakersami graham.
d) Powtórz warstwy.
e) Udekoruj wiórkami czekolady.
f) Zrelaksuj się przed podaniem tego pobłażliwego drobiazgu S'Mores.

84. Chleb Bananowy S'Mores

SKŁADNIKI:

- 2 dojrzałe banany, rozgniecione
- ½ szklanki roztopionego, niesolonego masła
- 1 łyżeczka ekstraktu waniliowego
- 1 szklanka granulowanego cukru
- 2 duże jajka
- 1 ½ szklanki mąki uniwersalnej
- 1 łyżeczka sody oczyszczonej
- ½ łyżeczki soli
- ½ szklanki mini chipsów czekoladowych
- ½ szklanki pokruszonych krakersów graham
- ½ szklanki mini pianek marshmallow

INSTRUKCJE:

a) Rozgrzej piekarnik do 175°C i natłuść formę do pieczenia.
b) W dużej misce wymieszaj puree bananowe, roztopione masło i ekstrakt waniliowy.
c) Dodaj cukier i jajka, mieszaj, aż dobrze się połączą.
d) W osobnej misce wymieszaj mąkę, sodę oczyszczoną i sól. Dodaj do masy bananowej i mieszaj, aż składniki się połączą.
e) Dodaj mini kawałki czekolady, pokruszone krakersy graham i mini pianki marshmallow.
f) Ciasto wlać do przygotowanej formy.
g) Piec przez 55-60 minut lub do momentu, aż wykałaczka będzie sucha.
h) Ostudzić przed pokrojeniem i rozkoszowaniem się chlebem bananowym S'Mores.

85. Minisernik S'Mores bez pieczenia

SKŁADNIKI:
DO SKORUPY:
- 1 opakowanie (9 ciastek, 135 gramów) krakersów graham
- 4 łyżki (56 gramów) niesolonego masła, roztopionego
- Na sernik:
- 4 uncje (113 gramów) półsłodkiej czekolady, roztopionej i schłodzonej
- 8 uncji (227 gramów) serka śmietankowego w temperaturze pokojowej
- ½ szklanki (100 gramów) cukru kryształu
- 1 łyżeczka ekstraktu waniliowego
- 1 szklanka (237 gramów) ciężkiej śmietanki o temperaturze pokojowej

NA polewę piankową:
- 2 białka jaj
- ½ szklanki (100 gramów) cukru kryształu
- ⅛ łyżeczki kremu z kamienia nazębnego
- ½ łyżeczki ekstraktu waniliowego
- 1 batonik Hershey's, połamany na kawałki

INSTRUKCJE:
ZROBIĆ KRUSZTĘ:
a) Dokładnie nasmaruj wgłębienia formy na mini sernik sprayem zapobiegającym przywieraniu. Umieść krakersy graham w misie robota kuchennego i pulsuj, aż zostaną drobno zmielone.
b) Dodaj roztopione masło i pulsuj, aż masa będzie wilgotna.
c) Rozłóż mieszaninę pomiędzy wnęki formy do sernika, po około 1 ½ łyżki w każdej. Mocno dociśnij do dna każdego wgłębienia. Odłożyć na bok.

ZROBIĆ SERNIK:
d) W misie miksera elektrycznego ubijaj serek śmietankowy i cukier na średnio-wysokiej prędkości, aż masa będzie jasna i kremowa, przez około 2 minuty. Zeskrobać z boków i dna miski.
e) Dodaj wanilię i ciężką śmietankę, ubijaj na niskim poziomie aż do połączenia, następnie zwiększ prędkość do średnio-wysokiej, aż zgęstnieje, około 1-2 minut. Zeskrobać z boków i dna miski.

f) Wlać ostudzoną, roztopioną czekoladę i miksować na niskich obrotach, aż do całkowitego połączenia. Zeskrobać z boków i dna miski.
g) Rozdzielić mieszaninę równomiernie pomiędzy każdą wnękę. Delikatnie uderz patelnią o blat kilka razy, aby uwolnić pęcherzyki powietrza. Za pomocą szpatułki wyrównaj wierzch serników. Przykryj folią spożywczą i włóż do lodówki do stwardnienia, co najmniej na 4 godziny lub na noc.

PRZYGOTOWAĆ polewę marshmallow:
h) W małej żaroodpornej misce dodaj białka, cukier i krem z kamienia nazębnego. Miskę ustawiamy nad garnkiem z gotującą się wodą tak, aby woda nie dotykała miski.
i) Ciągle ubijaj na średnim ogniu, aż cukier się rozpuści, a białka będą ciepłe w dotyku, od 2 do 3 minut.
j) Sprawdź to, pocierając odrobinę mieszanki między palcami i sprawdzając, czy wyczuwalne są granulki cukru, uważając, aby nie dotknąć dna miski.
k) Wytrzyj kondensat z dna miski, a następnie przenieś masę jajeczną do miksera elektrycznego wyposażonego w końcówkę do ubijania.
l) Zacznij ubijać na niskiej prędkości, a następnie stopniowo zwiększaj ją do wysokiej, ubijając, aż utworzą się sztywne, błyszczące szczyty, około 5 do 7 minut. Dodaj wanilię i ubijaj, aż się połączą.
m) Wyjąć do rękawa cukierniczego z gładką otwartą końcówką. Na każdy sernik wyciśnij porcję. W razie potrzeby użyj palnika kuchennego, aby lekko podgrzać polewę marshmallow.
n) Udekoruj kawałkiem batonika Hershey's. Wróć do lodówki, aż będzie gotowy do podania.
o) Serniki najlepiej smakują w dniu przygotowania, ale można je przechowywać w hermetycznym pojemniku w lodówce do 2 dni.

86. Pudding ryżowy S'Mores

SKŁADNIKI:
- ½ szklanki) cukru
- ½ szklanki niesłodzonego kakao w proszku
- ¼ szklanki skrobi kukurydzianej
- ⅛ łyżeczki soli
- 4 szklanki pełnego mleka
- 1 ½ łyżeczki ekstraktu waniliowego
- 8 uncji posiekanej mlecznej czekolady
- 2 łyżki niesolonego masła
- 1 szklanka grubo posiekanych krakersów graham
- 12 do 18 dużych pianek marshmallow

INSTRUKCJE:

a) Do średniej miski przesiej cukier, kakao, skrobię kukurydzianą i sól. Jeśli zauważysz grudki, przesiewaj, aż grudki znikną. Wlać suche składniki do multicookera i wymieszać z mlekiem, wanilią i czekoladą. Ustaw multicooker na program „biały ryż" i zagotuj mieszaninę, ciągle mieszając. Gotuj bez przykrycia, aż budyń zacznie gęstnieć, od 3 do 5 minut.

b) Wyjmij miskę z multicookera. Pracując szybko, wlej lub łyżką budyń do sześciu kokilek lub filiżanek o pojemności 4 uncji. Pozwól im zastygnąć w lodówce, na około 2 godziny. Puddingi można przykryć i przechowywać w lodówce do 2 dni.

c) Rozpuść masło na średniej patelni na średnim ogniu. Dodaj pokruszone krakersy graham i opiekaj przez 2 do 3 minut lub aż do złotego koloru.

d) Aby opiekać pianki marshmallow, rozgrzej brojlery. Połóż pianki na lekko natłuszczonej blasze do pieczenia i piecz przez 30 sekund. Za pomocą szczypiec ostrożnie obróć pianki na drugą stronę i piecz przez kolejne 15 sekund. Wyjmij z piekarnika i odłóż na bok. (Alternatywnie możesz upiec je na palniku gazowym; patrz Uwaga.)

e) Kiedy będziesz już gotowy do podania budyniu, nałóż na każdą porcję około 1 łyżkę stołową prażonych krakersów graham. Połóż 2 lub 3 prażone pianki marshmallow na krakersach graham i natychmiast podawaj.

NAPOJE

87. Gorąca czekolada S'Mores

SKŁADNIKI:

- 2 szklanki mleka
- 2 łyżki kakao w proszku
- 2 łyżki cukru
- ¼ szklanki kawałków czekolady
- ¼ szklanki mini pianek marshmallow
- Kruszone krakersy graham do posypania (opcjonalnie)
- Bita śmietana do posypania

INSTRUKCJE:

a) W rondlu podgrzej mleko na średnim ogniu.
b) Wymieszaj kakao w proszku i cukier, aż do całkowitego rozpuszczenia.
c) Dodaj kawałki czekolady i mieszaj, aż się rozpuszczą.
d) Gorącą czekoladę wlać do kubków.
e) Na wierzch połóż mini pianki marshmallow i bitą śmietanę.
f) Opcjonalnie: Obrysuj kubek pokruszonymi krakersami graham, aby uzyskać dodatkowy akcent S'Mores.

88.Koktajl mleczny S'Mores

SKŁADNIKI:
- 2 łyżki syropu o smaku czekoladowym i więcej do dekoracji
- 10 pianek
- 1 pinta Rocky Road lub lody czekoladowe
- ¾ szklanki pół na pół
- 3 łyżki kremu marshmallow
- 2 łyżki pokruszonych krakersów graham i trochę do dekoracji
- Bita śmietana
- 1-uncjowa tabliczka mlecznej czekolady, przełamana na pół
- Posypka (opcjonalnie)

INSTRUKCJE:
a) Skrop wnętrze dwóch szklanek o pojemności 12 uncji syropem czekoladowym. Umieścić w zamrażarce do momentu użycia.
b) Ułóż pianki marshmallow na małej blasze do pieczenia. Podpiekaj od 4 do 5 cali od góry, aż będzie opiekana i złocistobrązowa, około 1 minuty. Całkowicie ostudzić. Odłóż 2 pianki marshmallow.
c) W międzyczasie posmaruj brzegi zimnych szklanek kremem marshmallow. Posypać 2 łyżkami pokruszonych krakersów graham.
d) Połącz pozostałe 8 prażonych pianek marshmallow, lody i pół na pół w blenderze.
e) Przykryj i wymieszaj, aż będzie gładkie. Rozdzielić pomiędzy przygotowane szklanki.
f) Na wierzch udekoruj bitą śmietaną, dodatkowym syropem czekoladowym i krakersami graham, zarezerwowanymi piankami marshmallow, czekoladą i posypką, jeśli chcesz.

89. Kawa mrożona S'Mores

SKŁADNIKI:
- 1 filiżanka kawy parzonej, schłodzonej
- ½ szklanki mleka
- 2 łyżki syropu czekoladowego
- 2 łyżki syropu marshmallow
- Kostki lodu
- Bita śmietana do posypania
- Kruszone krakersy graham do posypania (opcjonalnie)

INSTRUKCJE:
a) W szklance połącz schłodzoną parzoną kawę, mleko, syrop czekoladowy i syrop marshmallow.
b) Dobrze wymieszać.
c) Do szklanki dodaj kostki lodu.
d) Opcjonalnie: Obrysuj szklankę pokruszonymi krakersami graham.
e) Całość posypujemy bitą śmietaną i odrobiną syropu czekoladowego.

90.Tostowe s'More Martini

SKŁADNIKI:
- 1 uncja likieru z ciemnej czekolady lub mlecznej czekolady
- ½ uncji puszystej wódki marshmallow
- ½ uncji ciężkiej śmietany
- Syrop czekoladowy Hershey's i pokruszony krakers graham na brzeg
- pianki marshmallow jako dodatek
- małe kije bambusowe

INSTRUKCJE:
a) Zanurz brzeg kieliszka w syropie Hershey, a następnie w pokruszonym krakersie graham.
b) Likier czekoladowy wlewaj do szklanki możliwe najwolniej, odwróconą łyżką.
c) Wymieszaj ciężką śmietankę i wódkę marshmallow w osobnym pojemniku.
d) Wlać mieszaninę wódki tak powoli, jak to możliwe, na odwróconą łyżkę, aby uzyskać warstwowy wygląd.
e) Umieść piankę marshmallow na patyku bambusowym jako szpikulec.
f) Lekko podsmaż piankę marshmallow na otwartym ogniu.
g) Przed wypiciem połóż bambusowy kij na napoju i zapal piankę marshmallow dla efektu. wymieszaj napój i ciesz się smakiem!

91.Baileys'Mores

SKŁADNIKI:
- 100 ml oryginalnego irlandzkiego kremu Baileys
- 100 g pokruszonych Digestions lub kruchego ciasta
- 100 g mini pianek marshmallow
- 120 g pianek marshmallow
- 100 ml sosu czekoladowego
- Aby zakończyć, przedmuchaj palnik

INSTRUKCJE:
g) Na dno słoika wrzucamy pokruszone kruche ciasto. Łyżka na piankach marshmallow.
h) Podgrzej sos czekoladowy i wlej go do słoików. Prawdopodobnie dodam trochę więcej sosu czekoladowego.
i) Posypujemy mini piankami marshmallow.
j) Wlej Baileys na swoje dzieło.
k) Teraz podgrzej pianki marshmallow za pomocą palnika, aż się rozpuszczą i będą pyszne.

92.Koktajl z duchami

SKŁADNIKI:
- Cukier, Rimming
- Marshmallow, Gałki Oczne
- ¼ szklanki) cukru
- ¼ łyżeczki czystego ekstraktu waniliowego
- 10 kropli barwnika spożywczego
- 1 duża pianka marshmallow
- 2 krople barwnika spożywczego
- ½ szklanki gęstej śmietanki
- 2 łyżki syropu prostego
- 1 uncja wódki
- 1 łyżeczka czystego ekstraktu waniliowego
- ¼ szklanki napoju gazowanego

INSTRUKCJE:

a) Aby przygotować cukier Rimming, wymieszaj cukier i wanilię na małym talerzu. Dodaj barwnik spożywczy; mieszaj, aż cukier będzie równomiernie zabarwiony. Zwilż krawędź szklanki do napojów wodą. Zanurz brzeg szklanki w czarnym cukrze, aby lekko go pokrył.

b) Aby przygotować gałki oczne typu Marshmallow, przekrój pianki w poprzek na pół. Umieść 1 kroplę barwnika spożywczego na środku naciętej strony każdej połówki pianki marshmallow.

c) Napełnij shaker do koktajli w dwóch trzecich lodem. Dodać śmietanę, syrop cukrowy, wódkę i wanilię; wstrząsać, aż dobrze się wymiesza i ostygnie. Przecedź do szklanki z brzegiem. Dopełnij sodą klubową. Udekoruj piankowymi gałkami ocznymi. Natychmiast podawaj.

93. Koktajl mleczny z popcornem i pianką marshmallow

SKŁADNIKI:
- 1 szklanka pełnego mleka
- ⅔ szklanki popcornu
- ½ szklanki mini pianek marshmallow
- ⅔ szklanki lodów waniliowych
- ¼ łyżeczki soli

INSTRUKCJE:
a) Umieść popcorn w blenderze i pulsuj, aż popcorn zmieni się w drobną bułkę tartą.
b) Następnie dodaj pianki, mleko i lody. Mieszaj, aż będzie gładka.
c) Spróbuj koktajlu mlecznego i zobacz, jak smakuje najpierw bez dodatku soli.
d) Następnie dodaj pianki, mleko i lody. Mieszaj, aż będzie gładka.
e) Spróbuj koktajlu mlecznego i zobacz, jak smakuje najpierw bez dodatku soli.

94.Soda kremowa z jeżynowego marshmallow

SKŁADNIKI:
- 1 shot syropu prostego z jeżyn
- 1 shot Ginu
- Woda sodowa
- 1 duża porcja Marshmallow Fluff

Piankowy puch
- 1 10-uncjowy worek pianek Dandies Mini Marshmallows
- Płyn z 1 puszki ciecierzycy
- 1 łyżeczka oleju kokosowego

INSTRUKCJE:
a) Napełnij szklankę lodem. Wlej 1 kieliszek prostego syropu jeżynowego i kieliszek ginu, zamieszaj. Dopełnij resztę sodą i posyp kleksem pianek marshmallow.

Piankowy puch
b) W mikserze ubijaj aquafabę, aż na bezie utworzą się puszyste szczyty. W międzyczasie w misce nadającej się do kuchenki mikrofalowej połącz olej kokosowy i pianki marshmallow. W 30-sekundowych odstępach, szybko mieszając, włóż do kuchenki mikrofalowej, aż pianki marshmallow całkowicie się rozpuszczą.
c) Dodaj mieszankę pianek marshmallow do miksera z bezą i wymieszaj, aż masa będzie gładka.
d) Przechowywać w szczelnym pojemniku w lodówce do 5 dni.

95.Imbirowe Brzoskwinie I Kremowy Koktajl

SKŁADNIKI:

- 1 uncja Bourbona
- ½ uncji sznapsa brzoskwiniowego
- Piwo imbirowe
- Marshmallow Bourbon-Brûléed Dandies do dekoracji

INSTRUKCJE:

a) Napełnij szklankę lodem. Dodaj 1 kieliszek bourbona i ½ kieliszka sznapsa brzoskwiniowego.
b) Resztę szklanki uzupełnij Piwem Imbirowym i zamieszaj. Udekoruj pianką Brûléed Dandies Marshmallow.
c) Na patyku nałóż piankę marshmallow, zanurz ją w bourbonie i obtocz w cukrze.
d) Używając palnika kuchennego lub płomienia z kuchenki gazowej, opiekaj piankę marshmallow, aż cukier zamieni się w przypaloną skórkę.

96.Koktajl z cytrynowym ciastem bezowym

SKŁADNIKI:
- 1 uncja wódki
- ½ uncji likieru Amaretto
- 1 łyżka syropu cukrowego
- 1 uncja soku z cytryny
- 1 łyżka Marshmallow Fluff
- Zmiażdżony krakers Graham

INSTRUKCJE:
a) Napełnij shaker do Martini lodem. Dodać syrop cukrowy, sok z cytryny, wódkę i likier Amaretto.
b) Energicznie wstrząsaj przez minutę.
c) Zanurz brzeg kieliszka do martini w soku z cytryny, a następnie w pokruszonym krakersie graham.
d) Do kieliszka do martini wlej przecedzony alkohol i posyp porcją pianek marshmallow.
e) Jeśli masz latarkę kuchenną, podpal puch, aby dodać mu dodatkowego uroku.

97. Płynny koktajl Smore

SKŁADNIKI:

- 1 kieliszek wódki Marshmallow
- 1 łyżka syropu czekoladowego lub likieru
- 1 strzał irlandzkiego kremu
- 2 strzały pół na pół

INSTRUKCJE:

a) Do shakera koktajlowego wlać syrop czekoladowy.
b) Dodaj wódkę i Irish Cream.
c) Dodaj 1 strzał pół na pół.
d) Wypełnij shaker do końca lodem i dobrze wstrząśnij.
e) Wlać do kieliszka do martini zamoczonego w śmietanie i pokruszonych krakersach graham.
f) Na wierzch połóż pozostałą połowę i połowę.

98.Koktajl Truskawkowy I Marshmallow

SKŁADNIKI:
- 8 białych pianek
- 4 maliny
- 1L lodów truskawkowych
- ½ szklanki likieru śmietankowego, schłodzonego
- ⅓ szklanki wódki, schłodzonej
- 125 g malin, ekstra
- 1 łyżeczka pasty z ziaren wanilii

INSTRUKCJE:

a) Rozgrzej grill do średniego poziomu. Wyłóż blachę do pieczenia folią. Nabij pianki i maliny na małe bambusowe patyczki do szaszłyków. Przykryj odsłonięte końce szaszłyków folią. Ułożyć na wyłożonej tacą.

b) Gotuj na grillu przez 1-2 minuty lub do momentu, aż pianki marshmallow będą lekko przypieczone.

c) Do blendera włóż lody, likier, wódkę, dodatkowe maliny i wanilię i miksuj, aż masa będzie gładka i kremowa. Rozlać równomiernie pomiędzy szklanki.

d) Na wierzch ułóż szaszłyki z pianki marshmallow i natychmiast podawaj.

99. S'Mores Martini

SKŁADNIKI:
- 2 uncje likieru czekoladowego
- 1 uncja wódki waniliowej
- 1 uncja wódki o smaku pianki marshmallow
- Pokruszone krakersy graham do posypania
- Syrop czekoladowy do rimmingu
- Mini pianki marshmallow do dekoracji

INSTRUKCJE:
a) Obrysuj kieliszek do martini syropem czekoladowym i pokruszonymi krakersami graham.
b) W shakerze połącz likier czekoladowy, wódkę waniliową i wódkę o smaku prawoślazu z lodem.
c) Dobrze wstrząśnij i przelej do przygotowanego kieliszka do martini.
d) Udekoruj mini piankami marshmallow na wykałaczce, aby uzyskać świąteczny akcent.

100.S'Mores Frappuccino

SKŁADNIKI:
- 1 filiżanka kawy parzonej, ostudzonej
- ½ szklanki mleka
- 2 łyżki syropu czekoladowego
- 2 łyżki puchu marshmallow
- 1 szklanka lodu
- Bita śmietana do posypania
- Pokruszone krakersy graham do dekoracji

INSTRUKCJE:
a) W blenderze połącz schłodzoną zaparzoną kawę, mleko, syrop czekoladowy, piankę marshmallow i lód.
b) Mieszaj, aż będzie gładka.
c) Przelać do szklanki i udekorować bitą śmietaną.
d) Posyp pokruszonymi krakersami graham na wierzchu, aby uzyskać dodatkowy akcent S'Mores.

WNIOSEK

Mamy nadzieję, że dotarliśmy do końca „Najlepszej książki kucharskiej S'Mores" i zainspirowaliśmy Cię do ponownego odkrycia prostej przyjemności S'Mores w całej jej pysznej okazałości. Niezależnie od tego, czy delektujesz się nim przy ognisku, przy grillu na podwórku, czy w zaciszu własnego domu, S'Mores potrafi łączyć ludzi i tworzyć cenne wspomnienia, które zostaną na całe życie. Kontynuując swoją przygodę z tworzeniem S'Mores, niech każdy wypróbowany przepis przybliża Cię do radości i nostalgii związanej z tym ukochanym smakołykiem.

Kiedy przewracasz ostatnie strony tej książki kucharskiej, a w powietrzu unosi się aromat prażonych pianek, wiedz, że na tym przygoda się nie kończy. Eksperymentuj z nowymi kombinacjami smaków, dziel się ulubionymi kreacjami S'Mores z przyjaciółmi i rodziną i pozwól, aby magia S'Mores nadal rozjaśniała Twoje dni. A kiedy znów zapragniesz słodkiego komfortu S'Mores, „Najlepsza książka kucharska S'Mores" będzie tutaj, gotowa, aby poprowadzić Cię podczas następnej pysznej eskapady.

Dziękujemy, że dołączyłeś do nas w tej rozkosznej podróży po świecie S'Mores. Niech Wasze dni wypełni słodka magia pianek, czekolady i krakersów graham, a Wasze serce rozgrzeje radość S'Mores dzielona z bliskimi. Dopóki się nie spotkamy, miłego robienia S'Mores i smacznego!

www.ingramcontent.com/pod-product-compliance
Lightning Source LLC
Chambersburg PA
CBHW071833110526
44591CB00011B/1310